지속가능한 세상에서
도시는 생명체다!

지속가능한 세상에서
도시는 생명체다!

초판 1쇄	2023년 6월 12일
초판 2쇄	2024년 5월 17일
지은이	배성호·주수원
펴낸곳	이상북스
펴낸이	김영미
편집	김영미
디자인	design KAZ
제작	공간
출판등록	제313-2009-7호(2009년 1월 13일)
주소	10546 경기도 고양시 덕양구 향기로 30, 106-1004
전화번호	02-6082-2562
팩스	02-3144-2562
이메일	klaff@hanmail.net
ISBN	979-11-980260-3-3 (44300)
	978-89-93690-00-2 (세트)

살기 좋은 도시는 어떤 곳일까?

'도시' 하면 어떤 생각이 떠오르나요? 고층 빌딩이 즐비한 가운데 수많은 인파와 함께 새로운 문물이 가득한 이미지가 먼저 떠오릅니다. 최근에는 다양한 유형의 전자 데이터 수집 센서를 이용해 자산과 자원을 효율적으로 관리하는 스마트 도시가 주목받고 있기도 하죠.

그런데 도시는 현재만이 아닌 오랜 과거의 역사를 함께 지닌 곳이기도 하고, 장애인·노인·어린이·청소년·이주민 등 다양한 이들이 함께 어울려 살아가는 곳이기도 합니다. 또 사람만이 아니라 동물과 식물을 비롯해 자연환경이 공존하는 곳이기도 하죠.

이 책에서는 도시를 새로운 관점에서 살펴보며 우리의 사회적 상상력을 넓히고자 합니다. 바로 도시를 생명체로서 보는 것입니다. 우리는 그동안 낡고 오래된 도시를 불도저로 쓸어 없애 '신도시'를 만드는 방식에 익숙했습니다. 하지만 도시를 생명체로 본다면 이런 방식은 문제가 있어요. 낡고 오래되었다고 무조건 제거하는 것이 아니라 우리의 삶터인 도시를 치유하면서 건강하고 행복하게 살아갈 방안을 찾아야 하기 때문이죠.

그리고 이런 과정을 통해 진정으로 살기 좋은 도시는 어떤 곳인지 생각해 볼 수 있습니다. 살기 좋은 도시는 어떤 곳일까요? 기업을 경영하기 좋은 도시, 생태환경이 좋은 도시, 안전한 도시, 사람을 배려하는 도시 등등 다양한 대답이 가능할 것입니다.

이 책은 사람들이 만든 삶터인 도시를 여러 각도로 살펴보면서 살기 좋은 도시는 어떤 곳인지 알아보고자 합니다. 그 과정에서 우리나라뿐 아니라 세계 다양한 도시들의 빛과 그림자를 알게 될 것입니다. 책장을 넘기며 마주하는 글과 사진 들을 읽어 내려가며 이곳은 어디고 어떤 사연을 품은 도시인지 헤아려 보세요. 그리고 각장 끝에 있는 질문도 함께 생각해 보세요. 어느새 살기 좋은 도시에 대한 여러분만의 생각을 품게 될 것입니다.

1장에서는 "사람이 만든 삶터, 도시"는 어떤 곳이고, 언제 어떻게 시작되었는지 그 역사적 맥락을 알아보려고 합니다. 인류가 만들어 온 도시와 사회의 변화를 입체적으로 살펴보는 과정이 될 것입니다.

2장은 "도시의 빛과 그늘"에 대한 내용입니다. 아름다운 세계의 도시들을 둘러보고, 사람들이 도시로 몰려드는 현상과 이러한 도시화로 인해 생기는 문제점에 대해 생각해 볼 것입니다.

3장에서는 "모든 사람이 행복한 도시"를 꿈꾸며 각각 어린이, 보행자, 장애인, 일하는 사람들의 시선으로 도시를 새롭게 바라봅니다. 이런 시도를 통해 함께 어우러져 살아가는 도시의 모습을 계획할 수 있습니다.

4장에서는 사람만이 아니라 "동식물과 함께 살아가는 도시"라는 관점에서 도시를 살펴봅니다. 나아가 환경과 조화를 이루는 생태도시에 대해서도 알아봅니다.

5장은 "우리가 바꿔 가는 도시"에 대한 내용입니다. 도시는 잘 만들어진 건물과 도로 등의 시설만으로 완성되지 않습니다. 도시의 주인인 시민이 함께 만들어 가는 삶터이기 때문이죠. 초등학생과 청소년까지 이어진 도시 주민들의 유쾌한 실천으로 도시를 더 살기 좋게 바꾸어 나간 모습은 도전으로 다가옵니다.

우리가 사는 도시에 대해 보다 너른 시각을 갖기 위해 국내외 여러 도시를 답사하고 사례를 정리하면서 새삼 놀랐습니다. 도시에 대해 가졌던 생각도 많이 바뀌었고요. 모쪼록 이 책을 읽는 여러분도 도시에 대한 새로운 가능성을 더욱 많이 모색하면 좋겠습니다. "함께 꾸는 꿈은 현실이 된다"고 하죠. 도시에 대한 우리의 즐거운 상상이 모여 모두가 어우러지는 지속가능한 도시로 한 발짝 나갈 수 있기를 기대합니다.

2023년 5월

배성호, 주수원

차례

들어가며 4

1장 * 사람이 만든 삶터, 도시

1   도시란 무엇인가   13
2   도시는 언제부터 시작되었나   20
3   상업이 중심이었던 중세 도시   27
4   산업혁명, 공업 도시의 시작점   34
     톡톡시티talk, talk city 서울은 언제부터 서울이었을까?   39

2장 * 도시의 빛과 그늘

1   아름다운 세계의 도시   43
2   도시로, 도시로!   50
3   도시화의 문제점   57
4   지방이 사라지고 있어요   67
     톡톡시티talk, talk city 서울 남산에 있는 기억의 공간   73

3장 * 모든 사람이 행복한 도시

1   95센티미터 높이에서 보는 도시   81
2   보행자를 위한 도시   90
3   장애인을 위한 도시   97
4   노동자가 존중받는 도시   104
    톡톡시티 talk, talk city 과거를 기억하는 도시, 역사를 품은 도시   114

4장 * 동식물과 함께 살아가는 도시

1   환경과 조화를 이루는 생태도시   121
2   환경오염 도시에서 생태도시로   129
3   도시의 빛공해   136
4   도시농업   142
    톡톡시티 talk, talk city 영화 속 도시 풍경   148

5장 * 우리가 바꿔 가는 도시

1   시민이 함께 만들어 가는 도시   153
2   정이 넘치는 공동체, 도시마을   161
3   주민들이 되살린 도시   166
4   초등학생들이 바꿔 가는 우리 동네   173
    톡톡시티 talk, talk city 미래도시 상상과 현실   181

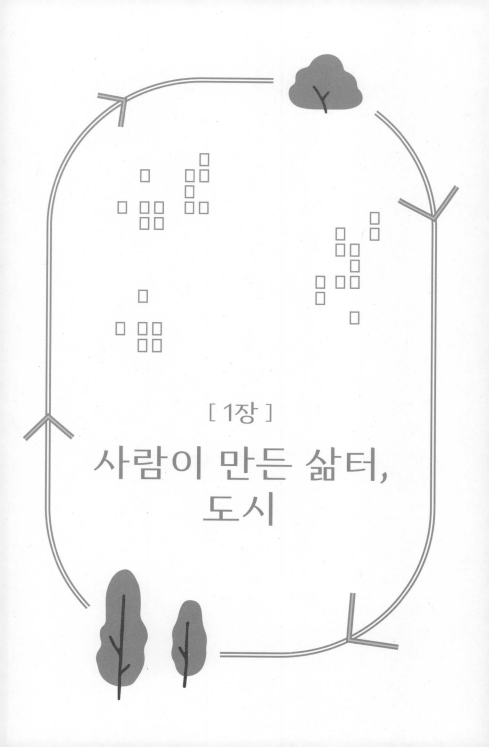

[1장]

사람이 만든 삶터,
도시

01

도시란 무엇인가

　　인간이 집단으로 자리를 잡아 생활을 이어가는 장소를 취락聚落이라고 합니다. 취락은 인구수나 인구밀도, 행정구역, 주민의 경제활동 등을 기준으로 촌락과 도시로 나뉘고요. 대체로 인구가 많고 인구밀도가 높은 취락을 도시라고 하고 그 반대를 촌락이라고 합니다.

촌락과 도시

인구밀도가 높은 한국은 인구 5만 명 이상인 지역을 도시로 규정한다. 행정구역은 현재 특별시·광역시·도·시·군·구·읍·면·동·리로 나뉘어 있는데, 면 단위 지역은 촌락으로, 읍(인구 2만 이상)과 시(인구 5만 이상) 단위 지역은 도시로 분류한다.

그런데 도시라는 말은 어디에서 왔을까요? 도시都市에서 한자 '都'는 도읍都른으로, 정치 또는 행정의 중심지라는 뜻을 가지고 있습니다. '市'는 시장市場으로, 경제의 중심지라는 뜻이고요. 즉 도시는 정치와 경제가 발달한 곳이죠. 그럼 영어로는 어떻게 표현될까요? 영어로 도시는 'city'라고 하는데, 이는 고대 로마의 '도시' 또는 '로마시민권'이라는 뜻을 가진 라틴어 키비타스civitas가 어원입니다.

도시 로마, 로마시민권

고대 로마는 기원전 753년부터 기원후 476년까지 1000년이 넘게 유지되었습니다. 북유럽 일부 국가를 제외하고 대서양 연안에서 러시아에 이르기까지 유럽 전체와 북아프리카의 상당 지역이 직·간접적으로 로마의 영향권 아래 놓여 있었습니다. 그래서 "모든 길은 로마로 통한다"란 말까지 나왔지요.

로마는 이처럼 거대한 영토를 다스리면서 기존의 여러 나라 국민을 로마 시민으로 동화시키려고 했어요. 그래서 로마 시민에게 여러 권리와 특권, 혜택, 사회적 지위 등을 부여했죠. 로마 시민이 되면 제국 내에서 자유롭게 사업과 상업 거래를 하고 정치활동도 할 수 있었어요. 그래서 많은 이들이 로마의 시민이 되고 싶어 했어요. 로마제국 최전성기에는 인구가 수천 명에서 수십만 명에 이르는 크고 작은 도시가 1000여 개 이상 있었고, 수도 로마에는 100만 명 이상 거주했던 것으로 추정합니다.

로마의 도시는 사회적 계급 질서를 강화하기 위해 특정 장소에 행정 시설과 종교 시설을 배치했어요. 도시 중앙에 있는 포룸은 집회 장소와 시장의 기능을 담당했는데, 시장이 열리면 전 세계 각지에서 들여온 온갖 물품과 로마의 공예가들이 만든 다양하고도 독특한 공예품이 판매되었지요.

고대 로마의 대표 건축물로 원형극장을 들 수 있습니다. 보통 6천 명가량 수용할 수 있는 규모로 지어진 로마의 원형극장은 지금도 계절마다 오페라나 콘서트 등 여러 공연이 열리는 공간으로 활용되고 있습니다. 고대 로마의 정취를 그대로 담고 있는 원형극장은 이탈리아 로마뿐 아니라 그리스, 요르단, 튀르키예 등에서도 찾아볼 수 있어요. 특히 그리스 아테네의 아크로폴리스 남쪽에 있는

포룸(forum)

로마 시대 도시 광장을 일컬었던 말. 포룸은 공공 복합 장소로서 원래 시장의 기능만 있었지만 사람들이 모여들면서 소통의 기능도 수행했다. 시민들이 모여 자유롭게 연설하고 토론하는 장소였다고 생각하면 된다. 여기에서 유래한 오늘날의 '포럼'은 특정 주제나 문제에 대해 관련 있는 전문가들이 의견을 발표하고 다수의 청중이 질의응답을 통해 의견을 종합하는 자유토론에 가까운 담화 방식이다.

기원전 6세기에 만들어진 디오니소스 극장. ©배성호

디오니소스 극장은 오늘날까지 전해오는 모든 그리스 고전 연극
이 초연된 곳이기도 하죠.

　　고대 로마가 건축한 가장 큰 원형극장은 로마 시내 중심에 있
는 콜로세움입니다. 석회암과 응회암, 콘크리트 등으로 지은 콜로
세움은 연극이나 연주 등 공연보다는 검투사의 경기나 서커스 공
연 등이 열렸던 공간이에요. 출구가 80개나 되고 5만 명 이상 수용
할 수 있는 거대한 원형 경기장이죠. 콜로세움이 어떻게 이용되었

는지 살펴보면 당시 로마 사람들이 어떻게 살았는지를 알 수 있기 때문에 로마 시대의 상징이라고 할 수 있어요.

이 외에도 고대 로마의 문화 수준과 위상을 가늠할 수 있는 유적지로 튀르키예 셀추크 부근의 켈수스도서관을 들 수 있습니다. 켈수스도서관은 로마의 원로원 의원이자 아시아 주의 총독이었던 켈수스 폴레마이아누스의 무덤과 도서관이 합쳐진 형태로, 전성기에는 세계 전역에서 모여든 학자들이 1만 2천여 권에 달하는 두루마리를 이곳에서 연구했다고 합니다.

유적을 살펴보는 것만으로 그 화려함과 장엄함을 떠올릴 수 있기에 지금도 서양에서는 '도시' 하면 로마를 떠올리는 것이겠죠.

도시의 기준과 특징

도시는 정치·경제·사회 활동의 중심지로서 수천·수만 명 이상의 인구가 집단 거주하여 가옥이 밀집되어 있고 교통로가 집중된 지역입니다. 현대 도시에는 농업 같은 1차 산업보다는 제조업과 같은 2차 산업, 서비스업 등의 3차 산업에 종사하는 인구가 많습니다. 그래서 도시에는 숲이나 하천 등의 자연경관보다 건축물이나 도로 같은 인문 경관이 더 많아요.

도시의 모습은 지리와 역사, 문화, 그리고 그곳에 사는 사람들의 삶터에 관한 가치관에 따라 다양하게 나타납니다. 그래서 각각의 도시는 각기 다른 매력과 특징을 가졌어요. 프랑스의 수도 파리는 에펠탑과 함께 예술과 낭만의 상징이고, 미국의 대도시 뉴욕은 '스파이더맨'이 활공하는 고층빌딩과 바삐 움직이는 사람들을 연상시킵니다. 우리가 사는 서울은 어떨까요? 도심 곳곳에 보존된 궁궐과 빌딩숲을 보면 현재와 과거가 교차하는 것 같지 않나요?

　　사실 도시를 규정하는 기준도 나라마다 조금씩 달라요. 전 세계 84개국은 인구 5000명 이상인 곳을 도시로 규정하고, 아프리카 국가 말리는 3만 명, 한국과 일본은 5만 명 이상인 지역을 도시로 분류합니다. 그런가 하면 중국과 인도양의 섬나라 세이셸은 인구 규모뿐 아니라 인구밀도도 적용합니다. 두 나라에서 도시로 분류되려면 1제곱킬로미터당 인구밀도가 1500명을 넘어야 하죠. 또 중남미의 국가 코스타리카는 도로가 포장된 지역을 도시로 보고, 말레이시아에서는 현대적인 화장실을 갖춘 주택이 모인 지역을 도시로 생각합니다.◆

◆ 〈한겨레〉, "한국인은 22개 도시 권역에 몰려산다… 대도시화, 유럽보다 심각", 2021년 5월 4일. https://www.hani.co.kr/arti/international/international_general/993761.html

★ 함께 생각해요!

1 도시를 생각했을 때 가장 먼저 떠오르는 생각을 얘기해 봅시다.

2 여러분이 알고 있는 세계의 도시는 어느 곳인가요? 서로 나누어 봅시다.

02

도시는 언제부터 시작되었나

앞서 살펴본 것처럼 많은 사람에게 도시 개념이 보편화된 건 고대 로마 시대지만 인류 최초의 도시는 더 오래전에 발생했습니다. 기원전 3500년경 티그리스강과 유프라테스강 유역에 수메르인이 세운 도시를 인류 최초의 도시로 꼽습니다. 현대의 이라크, 시리아, 레바논, 이스라엘, 팔레스타인, 요르단, 쿠웨이트 북부, 튀르키예 남동부, 이란 서부 등에 넓게 걸쳐진 지역으로 초승달 형태라고 해서 '비옥한 초승달 지대'라고도 불렸지요. 지금과 달리 사막화가 덜 진행되었기에 강과 습지가 넘쳐났던, 말 그대로 매우 '비옥한' 지방이었습니다.

그래서 인류에게 주식으로 안성맞춤인 곡물이 많이 자랐으며,

밀과 보리 농사가 시작되었어요. 곡물이 많았으니 소, 염소, 양, 돼지, 말 등을 가축으로 길들여 키우기도 좋았죠. 자연히 사람이 많이 모이고 인구가 늘어났습니다.

그래서 세계에서 가장 먼저 농경이 시작되고, 도시국가가 출현했으며, 글쓰기가 이루어져 인류 문명의 첫 모습이 나오기 시작한 것이죠. 이를 '메소포타미아 문명'이라고 합니다. 그리스어 '중간'을 뜻하는 '메소스'^{μέσος}와 '강'을 뜻하는 '포타무스'^{ποταμός}를 합쳐서 만들어진 말로, '강들의 사이'라는 뜻입니다. 이 시대에는 바빌론의 공중정원과 바벨탑 같이 역사적으로 길이 남을 만한 불가사의도 만들어졌어요. 또 바빌로니아의 고도古都 니푸르Nippur(현재 이라크의 바그다드 남동부)의 사원에서는 설형문자를 새겨넣은 점토판이 다량 발견되어 세계 최초의 도서관 자리로 추측되고 있습니다.

바빌론의 공중정원

고대 신바빌로니아제국의 수도 바빌론(지금의 이라크 남부)에 존재했던 거대한 옥상 정원. 세계 7대 불가사의 중 하나로 꼽히며 동시대 다른 학자들의 저술에도 자주 등장한다. 실제로 공중에 떠 있는 정원이 아니라 높이 솟아 있는, 즉 지구라트(피라미드 형태의 계단식 신전탑)에 연속된 계단식 테라스에 만든 옥상 정원이다. 유프라테스강에서 펌프로 물을 끌어올려 정원을 조성했다. 바빌론의 공중정원은 신화에 등장하는 신이 다스리는 낙원의 이미지를 연상시키며, 그것을 구현했다는 점에서 경이로움을 자아낸다.

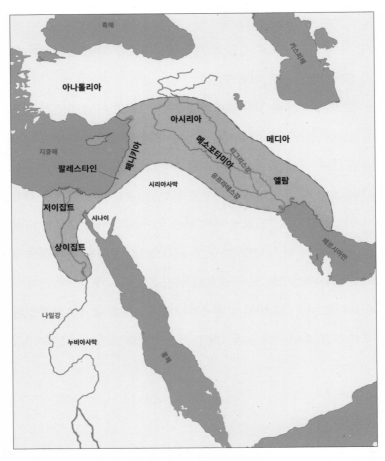

인류 최초의 문명인 메소포타미아 문명의 발원지 '비옥한 초승달 지대.'

약 4만 권 분량의 이 점토판에는 기원전 3000년대 말에서 기원전 2000년대 초까지의 수메르 역사와 문화, 그리고 다양한 신화와 찬가, 애가 같은 수메르인의 문학 작품 목록이 기록되어 있습니다.

문명의 발달

그 이후 기원전 3000년에서 기원전 2000년경 인더스강 유역의 인더스 문명, 황허강 유역의 황허 문명, 그리고 나일강 변의 이집트 문명이 생겼습니다. 이것을 메소포타미아 문명과 함께 세계 4대 문명이라고 하는데, 학술 용어는 아니고 관습 용어예요.

이집트 문명은 여러분에게 스핑크스와 피라미드로 친근하게 느껴질 거예요. 스핑크스는 사자의 몸에 사람의 머리가 달린 상상 속 동물이에요. 당시 사람들에게 스핑크스는 두려운 존재로서 왕의 무덤인 피라미드를 지키는 역할을 했습니다.

이집트 나일강 중류 서안에 위치한 도시 기자Giza는 쿠푸왕의 대피라미드를 비롯해 3대 피라미드와 대스핑크스가 있는 유적지로 유명하죠. 쿠푸왕의 대피라미드는 처음에 높이 147미터로 지어진 것으로 추정되는데 꼭대기 부분이 파손되어 현재 높이는 137미터예요. 30층 건물 높이라니 어마어마하죠. 밑변은 230미터에 이르고 평균 무게 2.5톤의 석재 230만 개가 정교하게 쌓인 구조입니다. 포클레인과 트럭이 없던 그 옛날에 이런 엄청난 건조물을 어떻게 만들었을까요? 대피라미드는 세계 7대 불가사의 중 하나이자 그중 유일하게 현존하는 건조물이기도 합니다.

인더스 문명은 기원전 2500년경 지금의 파키스탄 지역인 인더

프랑스 루브르박물관에 있는 "타니스의 대 스핑크스." ©주수원

스강 중류에서 발달했고 유적지는 하라파와 모헨조다로입니다. 농경 생활을 했는데 목축도 발달했다고 해요. 반듯한 도로망으로 연결된 계획도시였고, 목욕탕과 회의장, 곡물창고와 상하수도 시설 등 공공시설도 잘 갖춘 도시 문명이에요.

황허 문명은 중국 북부의 황허강 유역에서 발전했어요. 중국에는 황허강 외에도 총 길이 6300킬로미터에 이르는 아시아에서 가장 긴 강이자 세계에서 세 번째로 긴 장강이 있는데, 장강 유역은 당시 온도와 습도가 현재보다 높아 철기시대 이전에는 개간이 곤란했습니다. 이에 반해 황허강 유역은 건조한 데다 석회질이 바탕이 된 황토로 이뤄진 땅이 비옥하고 부드러워 농사를 짓기 좋았어요. 그래서 사람들이 모였고 도시가 생겨났지요.

문명의 공통점

여러분은 4대 문명에서 어떤 공통점을 발견했나요? 첫째는 사람들이 활동하기 좋은 중위도의 온화한 기후대에 속해 있다는 것이고, 둘째는 큰 강을 끼고 발달했다는 것이 공통점입니다.

왜 그럴까요? 강은 기름진 흙을 실어 나르며 농사에 적합한 토양을 만들어 주기 때문이죠. 이로 인해 이동하면서 채집과 수렵 생활을 하던 인류는 정착하여 농업 생활을 할 수 있었습니다. 또 강 주변은 교통이 편리해요. 사람들은 큰 강 주변에 모여 도시를 만들었고, 이 도시들이 국가로 발전했습니다.

인류 문명이 발전하는 데 있어 도시의 역할은 매우 컸습니다. 도시가 형성되면 사람이 더욱 많이 모이고, 생활에 필요한 여러 시설이 발전합니다. 또 사람들 간에 필요한 물자를 교류하면서 농업만이 아닌 다양한 사회적 역할을 담당하는 직업이 생겨나죠. 이렇게 해서 농업에 이어 상업이 발전해 나갑니다. 이처럼 도시는 인적·물리적·경제적·문화적 요소들이 상호작용하는 가운데 문명의 발전을 이루었습니다.

★ 함께 생각해요!
  1 거대한 피라미드를 어떻게 건설했을까요?
  2 문명이 발달하고 도시가 생겨나면서 사람들의 생활이 달라진 부분이 무엇일지 생각해 봅시다.

상업이 중심이었던 중세 도시

　농업을 중심으로 발달했던 도시는 중세 시대에 들어서며 조금 달라집니다. 상업활동을 중심으로 도시가 발달하기 시작했습니다. 농업 생산량이 늘어나면서 잉여 농산물을 교역하기 위해 정기적으로 시장이 열리기 시작했고, 시장이 발달하니 화폐경제가 커졌습니다. 이때 '길드'라고 하는 상인 조합이 생겼는데, 길드는 11-12세기에 중세 영주領主(유럽 봉건사회에서 영지를 보유한 제후나 호족)들의 권력에 대항해 도시의 정치적·경제적 실권을 쥐었습니다.

　중세의 여러 도시 중 이탈리아의 베네치아를 살펴볼까요? 영국의 문호 셰익스피어가 베네치아를 배경으로《베니스의 상인》과 《오셀로》를 쓸 정도로 베네치아는 당시 유명한 상업 도시였습니다. 아드리아해에 면해 있어 해상 무역에 유리했고, 강대한 해군력을 바탕으로 상인들을 보호하며 유럽 해상 무역의 중심지가 되었죠. 특히 십자군 전쟁을 계기로 동서 교역의 범위가 확장되어 동방의 여러 나라와 활발한 무역을 펼쳤습니다.

상업 도시 베네치아

셰익스피어의 희곡《베니스의 상인》은 16세기 당시 발달한 상업 도시의 풍경과 거기에서 살아가는 사람들의 모습을 아주 잘 보여 줍니다.

잠깐 줄거리를 살펴볼게요. 베니스(베네치아의 영어 표기)의 상인 안토니오는 고리대금업자 샤일록에게 돈을 빌리게 됩니다. 평

십자군 전쟁

예루살렘과 성지를 무슬림에게 되찾기 위해 교황과 유럽의 그리스도 교회가 주도한 원정 전쟁. 1095년에 시작된 십자군 전쟁은 1456년까지 361년 동안 계속되었다. 종군자가 십자 기장을 단 데서 그 이름이 유래했다.
십자군 전쟁을 계기로 유럽은 더 좋은 선박과 정확한 지도를 만드는 방법을 배워 나갔다. 그리고 베네치아 등 지중해 연안 도시들은 십자군의 보급 물품을 실어 나르거나 점령지에서 특권을 얻어 부를 축적했다. 또 점령지를 통해 아시아의 물품들이 유럽으로 들어왔다. 잔혹한 전쟁의 이면에 동서양 문물 교류의 확대가 있었다.

독특한 풍광을 자랑하는 수상도시 베네치아. ©주수원

소 안토니오에 대해 안 좋은 감정을 지니고 있었던 샤일록은 돈을 빌려주며 색다른 증서를 쓰도록 합니다. 이자를 받지 않는 대신 기한 내에 돈을 갚지 못하면 안토니오의 심장에 가까운 살 1파운드를 가져가겠다는 내용이었죠. 안토니오는 충분히 돈을 갚을 수 있는 상황이었기에 깊이 고민하지 않고 그 증서에 사인을 하고 돈을 빌렸어요. 그러나 결국 불운이 겹쳐 약속한 날에 돈을 갚지 못하게 되고, 샤일록은 집요하게 안토니오의 살 1파운드를 요구합니다. 사실상 그를 죽이려는 속셈이었던 거죠. 하지만 현명한 재판관은 계약서에 오로지 '살'만 적혀 있을 뿐 '피'는 적혀 있지 않다는 점을 근거로 "살을 가져가되 피를 한 방울이라도 흘리면 모든 재산을 몰수하고 사형에 처한다"라고 선언합니다. 불가능한 일이죠? 결국 샤일록의 계략은 실패합니다. 그는 사형까지 당하지는 않지만 재산을 몰수당하죠.

베네치아는 상업이 발달한 도시였지만 간척사업을 통해 만들어 낸 수상도시로도 유명합니다. 118개에 달하는 섬들이 약 400개의 다리와 수로로 연결된 독특한 구조의 베네치아는 이탈리아의 상징과도 같은 도시죠. 매혹적인 경관을 자랑하는 운하와 항구는 오늘날 하루 최대 6만 명의 관광객을 불러 모읍니다. 운하를 통해 자동차가 아닌 배로 집과 집 사이를 오가고, 대중교통도 수상버스예요. 또 사공이 노를 저어 이동하는 곤돌라도 유명합니다. 물론 최근에는 지구온난화와 과도한 관광객으로 인한 환경오염 등의 문제가 발생했지만, 여전히 '아드리아해의 보석'이라 불릴 만큼 아름다운 도시입니다.

도시의 자유, 시민의 자유

중세 상업 도시에는 재미난 표현이 있었습니다. 바로 "도시의 공기가 자유를 만든다"라는 말이에요. 이는 도시의 자유에 대한 중세의 법률을 요약한 말로서, 어떤 사람이든 도시로 들어온 지 1년 하고 하루(법률적 효력이 발생하는 기준 기간)가 지나면 이전의 신분과 상관없이 자유로운 시민이 된다는 뜻입니다. 그래서 많은 농노들이 자유를 얻기 위해 도시로 탈주했죠. 다만 실제 시민권을 지닌 이는 여전히 제한적이었어요. 앞서 소개한 베네치아도 주민의 3퍼센트 정도만 시민권을 가지고 있었으니까요. 지금 우리가 헌법 등으로 권리를 보장받고 있는 것과 달리 중세 때는 관습과 선례에 기초해 제한적으로 권리를 보장받았고, 이마저도 영주가 자기 마음대로 해석해서 인정하지 않기도 했기 때문이에요.

하지만 지주의 땅에 묶여 있을 수밖에 없었던 농노들에 비해 도시에서 상업에 종사한 이들은 경제적으로 자립할 기회가 있었습니다. 여전히 도시 영주의 권력에 속박되었지만 이전보다는 더 많은 자유를 누릴 수 있었지요. 또 상인들은 서로 협력해 생산과 유통 조직을 형성하여 규제와 세금을 요구하는 귀족들과 대립하기도 했습니다. 이는 이후 유럽에서 시민의 자유와 권리를 요구하는 데 중요한 역할을 했어요.

또 상업의 발달은 지역 간 상품의 교류뿐만 아니라 문화 교류를 촉진하여 사람들의 사고의 폭을 넓혔습니다. 다른 문화와 사고 방식을 수용하면서 자유로운 개인의식을 형성할 수 있는 계기가 되었죠.

이렇게 소수에게만 허락되었던 도시의 자유는 영국의 명예혁명(1688년)과 미국의 독립혁명(1775-1784년), 프랑스혁명(1789-1799년) 등을 통해 개개인 모두에게 적용되는 기본권인 시민의 자유(시민권)로 발전해 갔습니다. 특히 미국의 독립혁명은 영국의 부당한 식민 지배에 대항한 권리 수호 운동인 동시에 국민의 주권을 보장하고자 한 선언이었어요. 이때 미국의 각 주州는 독립선언문을 발표해 정부가 국민의 권리를 심각하게 침해할 경우 국민은 그 정부를 바꿀 수 있는 권한이 있다는 사실을 보여 주었어요. 미국 독립선언문의 주요 내용은 다음과 같습니다.

> 모든 사람은 평등하게 태어났으며 조물주로부터 몇 개의 양도할 수 없는 권리를 부여받았다.⋯생명과 자유와 행복의 추구, 이 권리를 확보하기 위해 인류는 정부를 조직했다.⋯ 정당한 권력은 인민의 동의로부터 유래하는 것이다. 어떤 형태의 정부든 이러한 목적을 파괴할 때는 ⋯새로운 정부를 조직하는 것이 인민의 권리다.

'모든 인간은 평등하게 태어난다'라는 문구는 국왕과 귀족이라는 특권계급에 대한 복종이 지배적이었던 시절에 분명 혁명적인 선언이었습니다. 권리의 원천을 국왕의 하사품이 아닌 자연법으로 이해하려 한 것이니까요. 영국의 식민 속박에서 벗어나 "자유롭고 독립적인 국가"를 선언한 미국의 독립혁명은 '인간의 권리' 선언으로까지 나아가 프랑스를 앞서는 시민혁명의 요소를 지니고 있었고, 유럽 시민혁명의 자극제가 되었습니다.

★ 함께 생각해요!

1 중세 시대의 도시는 4대 문명 도시와 어떤 점에서 다른가요?
2 중세 시대 도시의 자유의 의미와 한계에 대해 이야기해 봅시다.

☉4

산업혁명, 공업 도시의 시작점

18세기 후반 산업혁명 이후에는 자원이 풍부한 지역을 중심으로 공업 도시가 발달했습니다. 산업혁명은 무엇일까요? '혁명'은 사회의 제도나 경제의 조직을 급격하고도 근본적으로 고치는 일을 뜻합니다. 따라서 산업혁명은 산업 자체에 대대적 변화가 일어났다는 뜻이죠.

그 변화는 먼저 실을 뽑는 방직 산업에서 일어났어요. 1733년 존 케이^{John Kay}가 '나는 북'^{flying shuttle}이라는 방적기계를 만들었고, 1750년대에는 대대적으로 이용되었습니다. 이 기계로 인해 일하는 사람은 반으로 줄었는데 직물을 짜는 속도는 네 배 향상되었죠. 그리고 1767년에는 리처드 아크라이트^{Richard Arkwright}가 사람의 힘이 아닌 수력으로 실을 뽑아 내는 수력방적기를 만들었습니다.

증기기관의 등장

유럽에서 농업이 확산하고 인구가 증가하면서 집을 지을 목재와 땔감용 장작에 대한 수요가 늘어났습니다. 사람들은 필요를 따라 아무 제한 없이 나무를 베어 사용했고 숲 면적은 점점 줄어들었죠. 이에 영국의 엘리자베스 1세 여왕은 일정한 범위에서 벌목을 금지했어요. 이렇게 목재 공급을 규제하자 석탄 수요가 크게 늘었고요. 이로 인해 16세기 영국에서는 뉴캐슬에서 석탄을 채굴해 런던까지 배로 운송하기 시작했습니다. 그리고 석탄 채굴업에도 변화가 생겼어요.

석탄 수요가 늘어나면서 더 깊은 곳에서 석탄을 채굴하게 되었는데, 문제는 지하수를 뽑아 내는 일이었습니다. 쇠사슬에 물 양동이를 걸어 수직갱으로 밀어 넣어 지하수를 퍼 올렸는데, 이 방식으로는 깊은 지하까지 내려가기 어려웠거든요. 그래서 물을 끓일 때 나오는 증기를 이용한 증기기관으로 지하수를 뽑으려는 시도를 하게 되었습니다.

1769년 제임스 와트는 앞서 사람들이 발명한 증기기관들을 개

량했고, 1776년에 본격적으로 상업화시켰습니다. 이것은 석탄 채굴 산업에서의 변화뿐 아니라 증기선과 증기견인차, 철도기관차 등의 발명으로 이어져 산업의 대대적 변화를 만들어 냈습니다.

면방직과 철도의 도시 맨체스터

이런 변화의 중심에 영국 잉글랜드 북서부의 도시 맨체스터가 있었습니다. 우리나라 축구선수 박지성이 2005년부터 2012년까지 맨체스터 유나이티드 FC에서 활약했는데, 이 축구팀이 위치한 도시가 바로 맨체스터예요.

제임스 와트(James Watt, 1736-1819)

발명가이자 기계공학자. 스코틀랜드의 항구도시 그리녹에서 태어났다. 그의 아버지는 선박 기술자이자 상인이었고 어머니는 잘 교육받은 명문가의 자제였다. 어릴 적에 병약했던 탓에 정규교육을 받지 못하고 집에서 어머니에게 교육을 받다가 뒤늦게 그리녹 문법 학교에 입학했다. 그곳에서 뛰어난 손재주를 보였고, 공학과 수학에 대한 재능도 드러났다.
제임스 와트의 이름은 늘 '증기기관'과 같이 언급되지만 그가 증기기관 자체의 발명가는 아니다. 증기의 열에너지를 기계 동력으로 바꾸는 증기기관에 대한 구상과 시도는 오랜 기간 있어 왔다. 핵심은 기술 효율성을 높여 어떻게 상용화하느냐였다. 제임스 와트는 기존 증기기관의 단점을 대폭 개선하고 새로운 아이디어를 실현해 '와트식 증기기관'을 발명하고 특허를 취득한 사람이다. 그가 발명한 분리응축기는 증기기관에 일대 혁신을 가져와 산업화의 동력이 되었다.

연기 나는 굴뚝 가득한 1870년의 맨체스터.

19세기 맨체스터는 '면의 도시'라는 뜻의 '코트노폴리스'Cottonopolis로 불릴 만큼 세계 면 공업의 중심지였습니다. 원래 면직물 산업이 발달한 곳이었던 데다 1830년 리버풀에서 맨체스터까지 장거리 여객철도가 최초로 개통되는 등 교통도 편리했기 때문이에요. 이로 인해 인구가 급증해 20세기 초 맨체스터 일대는 세계에서 아홉 번째로 인구가 밀집한 지역이었습니다. 지금도 런던, 버밍엄과 더불어 영국의 3대 도시로 꼽히죠.

산업혁명이라는 엄청난 문명의 파고 앞에서 이렇게 새로운 공업 도시가 많이 생겨났어요. 공업 도시에는 여러 공장이 생겨서 일자리가 많았고, 화려하게 장식한 술집과 극장과 음식점도 즐비했지요. 사람들에게 농촌에서는 느낄 수 없는 즐거움과 자극이 되었을 테죠. 이런 여러 가지 이유로 농촌의 사람들은 도시로 몰려들었습니다. 그리고 이런 변화는 노동문제나 도시문제와 같은 근대 산업 사회의 새로운 사회문제를 낳게 되었죠. 이 부분은 뒤에서 다시 살펴볼게요.

★ 함께 생각해요!

1 산업혁명 당시 도시의 모습을 상상해 봐요.
2 기계의 발명이 인류 역사에 미친 영향은 무엇일까요?

톡톡시티
talk, talk city

서울은 언제부터 서울이었을까?

서울은 조선 시대부터 우리나라의 수도首都였어요. 서울은 특정 지역의 명칭이기도 하지만 수도 자체를 뜻하는 말이기도 해요. 그래서 조선 시대에는 서울이라고 하지 않고 한양漢陽이라고 했지요. 이는 한강(漢)의 북쪽(陽)에 있다는 뜻이에요. 한자 '陽'은 강의 북쪽 지역, 산의 남쪽 지역에 쓰이는 접미사거든요. 북반구에서는 해가 남동쪽에서 떠서 남쪽을 지나 남서쪽으로 지므로, 산의 남쪽은 거의 항상 양지고 북쪽은 거의 항상 음지가 되는 데에서 연유된 말이죠.

서울이 처음부터 '한양'이라고 불리지는 않았어요. 고구려의 장수왕이 이 지역을 점령하고서 '북한산군' 또는 '남평양'이라 불렀고, 신라의 진흥왕이 고구려로부터 다시 이 지역을 빼앗아 '한산주'로 이름을 바꾸었죠. 그 후 신라 경덕왕 때 '한양군'으로 불리기 시작해 조선 시대까지 이어졌고요.

한양이 조선의 수도로 정해지기까지는 우여곡절이 있었어요. 1392년 조선을 건국한 태조 이성계는 옛 고려의 수도인 개경을 떠나 새로운 도읍지를 정하고 싶어 했어요. 그래서 신하들에게 전국의 명

당을 두루 살펴보게 했고 자신이 직접 가서 명당들을 둘러보기도 했습니다. 그러다가 1393년에 계룡산을 도읍지로 정하고 1년 가까이 궁궐을 지었어요. 그런데 신하들이 계룡산이 너무 남쪽에 치우쳐 있다고 반대하여 계룡산 도읍지 건설은 결국 무산되었어요.

이후 태조와 신하들은 고심 끝에 한양을 택하게 되었습니다. 우선 한양은 한반도의 중심부에 있지요. 그리고 지리적 이점이 많습니다. 안쪽으로는 동서남북에 각각 타락산·인왕산·목멱산(남산)·백악산이 있고, 바깥쪽에는 북한산·아차산·덕양산·관악산이 있습니다. 도성 안에는 서에서 동으로 흐르는 청계천이 있고, 동에서 서로 흐르는 큰 강인 한강이 있고요. 이렇게 사방으로 육로와 수로가 연결되고 산으로 둘러싸여 있어 군사, 교통, 지리 등 모든 면에서 이로웠어요.

한양을 도읍지로 정한 뒤 1394년부터 공사를 시작했습니다. 제일 먼저 임금이 거처하는 궁궐을 짓고 궁의 이름은 《시경》^{詩經}에 나오는 "왕조의 큰 복을 빈다"는 뜻의 "군자만년개이경복"^{君子萬年介爾景福}에서 두 자를 따 '경복궁'이라고 이름 지었어요. 경복궁을 중심으로 왼쪽, 즉 동쪽에는 왕과 왕비를 제사 지내기 위한 종묘^{宗廟}를 두었고, 오른쪽, 즉 서쪽에는 토지신과 곡식신에게 제사 지내는 사직단^{社稷壇}을 두었습니다. 또 동서남북으로 네 개의 문을 만들었는데 각각의 이름에 유교 이념인 인의예지^{仁義禮智}를 사용했어요. 오늘날의 동대문은 흥인지문, 서대문은 돈의문, 남대문은 숭례문, 북대문은 숙정문이라고 했죠.

500년간 조선의 수도였던 한양은 일제 강점기에는 '경성부'^{京城府}라고 불렸으며, 해방되고 1년 후인 1946년에 서울시헌장을 발표하면서부터 오늘날의 이름인 '서울'로 불렸습니다.

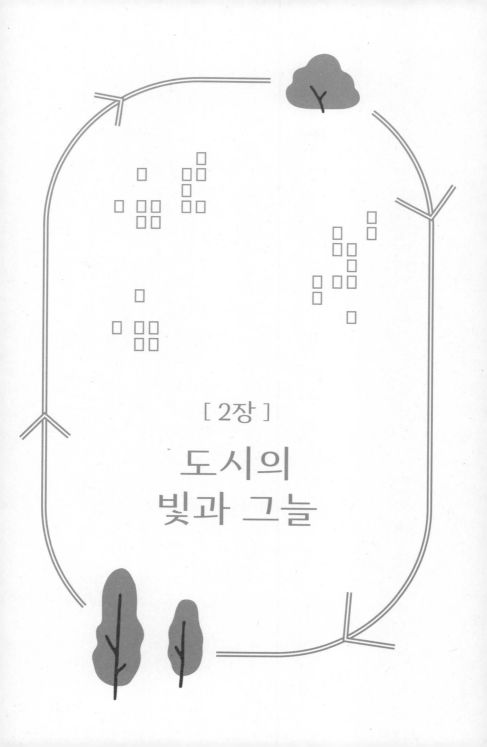

[2장]

도시의
빛과 그늘

∅1

························

아름다운 세계의 도시

세계적으로 유명한 도시가 많습니다. 여러분은 어떤 도시가 떠오르나요? 세계 여러 나라의 수도 이름이나 올림픽 개최지 등이 쉽게 떠오를 거예요. 그렇다면 다음 도시들을 들어 본 적 있나요? 뉴욕, 보스턴, 파리, 런던, 베를린, 도쿄, 베이징, 서울, 카이로, 이스탄불, 아테네, 예루살렘, 쿠리치바, 시드니… 저마다 개성 넘치는 도시들이죠.

이 도시들은 활력 넘치고 문화와 경제가 발전한 곳이 대부분입니다. 세계적 관광지로도 손꼽히는 곳이죠. 특별한 매력이 있기 때문이에요. 정치와 경제의 중심지일 뿐만 아니라 역사적으로도 의미가 있는 도시거든요. 또 아름다운 자연이 어우러져 있거나 특색 있는 문화 요소가 겸비되어 사람들이 선망하는 도시이기도 해요.

자유의 도시, 파리

도시 몇 곳을 살펴볼까요? 먼저 파리는 프랑스의 수도로 경제·문화·정치·외교 등 많은 분야에서 세계적 영향력을 가진 도시입니다. 기후위기와 관련해 늘 언급되는 '파리협정'도 2015년 파리에서 채택된 조약이에요. 파리협정은 지구의 평균온도가 산업화 이전과 비교해 2도 이상 상승하지 않도록 하고, 최종적으로 모든 국가가 이산화탄소 순 배출량 '제로'를 목표로 하여 자체적으로 온실가스 배출 목표를 정하고 실천하자는 협약입니다.

파리는 에펠탑으로도 유명하죠. 에펠탑은 1889년 프랑스혁명 100주년을 맞아 파리 만국박람회를 개최하면서 기념으로 건축한 탑이에요. 처음 만들어졌을 때는 "예술적 취향이라고는 찾을 수 없는 추악한 철 덩어리" "천박한 이미지의 철골 구조물"이라는 혹평을 받았어요. 당시 파리 시내 건축물은 대부분 중후한 석조건축이었기 때문이죠. 하지만 지금은 매년 수백만 명이 방문할 정도로 세계적으로 유명한 관광명소가 되었습니다.

에펠탑이 돋보이는 이유는 파리의 건물 높이 제한 덕분이기도

파리의 센강 강변에서 312미터의 높이를 자랑하는 에펠탑. ©주수원

몽마르트르 언덕에서 내려다본 파리 전경. ⓒ주수원

해요. 에펠탑은 다른 건물들보다 조금 더 높을 뿐이지만 다른 높은 건물이 없어서 마치 바다 위에 떠 있는 등대같이 느껴지거든요.

몽마르트르 언덕에서 내려다보는 파리의 모습은 건물들의 지붕이 만들어 내는 지평선이 진짜 땅처럼 느껴질 정도로 거의 모든 건물의 높이가 비슷해요. 우리나라 도시의 건물들 높이가 들쑥날쑥한 것과 대비되죠. 파리에서는 15미터, 18미터, 25미터, 31미터, 37미터 등 5개 지구로 나눠 건물 높이를 제한합니다. 마냥 자유가 넘쳐날 것 같은 파리에 이런 숨겨진 제한이 있다는 사실이 신기하죠?

동양과 서양이 공존하는 도시, 홍콩

홍콩은 동양과 서양이 공존하는 독특한 도시예요. 원래 중국에 속한 땅이었는데 1842년 난징조약으로 영국의 식민지가 되었다가 1997년 다시 중국에 편입된 역사 때문이에요. 중화인민공화국 홍콩 특별행정구는 1104제곱킬로미터의 면적에 다양한 국적의 740만 명 이상의 사람이 거주하는 세계에서 네 번째로 인구밀도가 높은 지역입니다.

아시아에서는 물론 세계적으로도 유명한 금융의 중심지로서 뉴욕, 런던과 함께 세계 3대 금융 중심지로 꼽히죠. 영국의 식민지였던 만큼 영어가 공용어고 국제도시답게 다양한 국적의 사람들과 문화를 접할 수 있어서 세계적으로 인기 있는 관광지입니다.

또 홍콩은 영화 산업도 발달해서 1988년부터 1990년대 초반까지 한 해에 100여 편 이상 제작될 정도였어요. 무협, 쿵후, 도박물, 액션·스릴러, 로맨스, 강시(중국의 대표적인 요괴) 시리즈 등 다양한

난징조약

1842년 8월 29일 아편전쟁을 종결하기 위해 영국과 청나라가 맺은 조약. 중국사 최초의 근대 조약이지만 불평등 조약이다. 영국에게 홍콩을 넘겨주고, 광저우廣州·푸저우福州·샤먼厦門·닝보寧波·상하이上海 등 5개 항구를 통상항으로 개항하고, 영국에게 배상금을 지불하는 등의 내용을 담았다. 이때부터 외국 열강들이 밀려 들어와 중국을 반식민지 상태로 몰아갔다.

장르의 영화가 만들어져 우리나라에서도 할리우드 영화 못지않게 인기가 높았습니다. 당시 주윤발, 유덕화, 양조위, 장국영, 왕조현, 임청하 등 홍콩 스타들도 자주 우리나라를 방문하고 국내 CF에 출연하기도 했습니다.

세계에서 일곱 번째로 큰 교역 규모를 자랑하는 홍콩의 법정화폐는 홍콩달러입니다. 3차 산업 위주의 홍콩 경제는 2022년 기준 1인당 GDP가 일본이나 대만보다 높은 세계 18위에 이릅니다. 경제와 문화가 발달하여 평균수명도 높은 편이고요.

높은 곳에 있는 도시, 인구가 많은 도시

세계 도시들의 흥미로운 기록도 한번 살펴볼게요. 세계에서 가장 높은 곳에 있는 도시는 어디일까요? 볼리비아의 엘 알토El Alto라는 도시입니다. 엘 알토는 해발 4150미터에 위치한 도시로 우리나라의 한라산이나 백두산보다도 높아요. '엘 알토'라는 도시 이름도 스페인어로 '고원'을 뜻하고요. 이렇게 높은 곳에 있는 도시에 116만 명이 살고 있고, 인구밀도는 자그마치 1제곱킬로미터당 363명에 달합니다.

그럼 세계에서 가장 많은 사람이 사는 도시는 어디일까요? 인구가 많은 중국과 인도의 도시일까요? 인도의 수도 델리의 인구는 3200만 명, 중국의 항구도시 상하이의 인구는 2850만 명입니다. 두 도시 모두 매우 많은 사람이 살고 있죠. 하지만 2022년 세계 최고의 인구 도시는 일본 도쿄로, 무려 3800만 명이 살고 있습니다.

★ 함께 생각해요!
   1 여러분이 좋아하는 세계의 도시는 어떤 곳인가요?
   2 세계 도시의 또 다른 흥미로운 기록을 찾아보세요.

02
....

도시로, 도시로!

앞서 산업혁명 때 도시가 급속도로 팽창했다고 했죠? 그런데 처음부터 사람들이 도시로 몰려든 것은 아니었습니다. 산업혁명이 처음 발생한 영국의 경우 '양'이 도시화 현상을 부추겼다고 할 수 있어요. 양이 무슨 역할을 한 걸까요?

상업이 발달하면서 영국의 농촌에서는 대량으로 양모를 생산하기 위해 양을 키울 큰 땅이 필요했습니다. 그래서 봉건 영주나 지주 들은 공유지와 소작지에서 자작농과 소작농의 토지 소유권을 인정하지 않고 강압적인 방법으로 그들을 쫓아냈지요. 이런 현상을 <u>인클로저</u>라고 했어요. '울타리 치기'를 뜻하는 말입니다. "여기까지가 내 땅이야!" 하면서 울타리 치기를 해서 농민들을 몰아

낸 거죠. 이렇게 쫓겨난 농민들이 도시의 공장으로 내몰리면서 도시의 하층 노동자가 되었습니다.

인구집중이 초래한 도시문제

우리나라도 근대화의 물결 속에서 사람들이 일자리를 찾아 도시로 몰려들었어요. 6·25전쟁 이후 도시화 현상이 더욱 심해졌고, 그로 인해 1964년에는 최초로 "대도시 인구집중 방지책"◆이 나왔습니다.

정책 초기에는 수도권 인구집중으로 발생한 도시문제를 해결

◆ 국가기록원. https://theme.archives.go.kr/next/chronology/archiveDetail.do?isPop=Y&flag=2&evntId=0049284516

하는 데 초점을 두기보다는 북한의 직접적인 사정거리 안에 집중해 있는 수도권 인구를 지방으로 분산하려는 의도였어요. 그러나 수도권 인구 증가율이 1960년대 후반에 절정을 이루면서 심각한 도시문제를 일으키기 시작했습니다. 서울을 중심으로 한 수도권 지역이 경제와 문화의 중심지로 자리를 잡으면서 인구와 자본이 더욱 집중되었기 때문이에요. 이에 따라 다른 지역은 발전의 기회를 상실했고, 수도권 지역은 인구 증가로 인해 주거 환경이 점점 나빠졌어요. 도시의 공공서비스와 인프라 역시 한계에 도달했고요. 이런 과밀현상은 환경오염과 교통 체증 등 다양한 도시문제를 일으켰습니다.

정부는 수도권 인구집중 문제를 해결하기 위해 1970년 종합적이고 강력한 "수도권 인구 과밀집중 억제에 관한 기본 지침"을 만들었어요. 수도권으로 인구가 집중되는 현상을 해결하기 위해 도시와 농촌의 균형 발전, 국토종합개발계획 수립, 인구의 자연증가 억제, 서울시의 도시개발계획 등이 법적 규제와 행정적 조치로 제시되었죠.

인프라(infrastructure)
생산이나 생활의 기반을 형성하는 중요한 구조물. 도로, 항만, 철도, 발전소, 통신 시설 등의 산업 기반과 학교, 병원, 상수·하수 처리 등의 생활 기반이 있다.

교통 체증은 대표적인 도시문제입니다.

세계 도시의 인구

　지금 세계의 도시 인구는 얼마나 될까요? 1975년부터 2015년까지 도시 인구는 두 배 증가했고, 인구 100만이 넘는 거대도시 metropolis 수는 세 배 증가했어요. 2015년 기준으로 전 세계 인구의 76퍼센트가 도시에 살고 있으며, 이는 55억 명에 해당합니다.[◆] 중국은 전체 인구 중 도시 인구가 차지하는 비율이 2012년 약 52퍼센트였으나 2050년에는 약 80퍼센트에 도달할 것으로 예상돼요. 유엔UN, United Nations이 2011년에 발표한 〈세계 도시화 전망 보고서〉는 2050년이 되면 중국에 975개 도시가 늘어나 전체 도시 수가 1632개에 이를 것으로 전망합니다. 영국의 일간지 〈가디언〉The Guardian은 10년 뒤 인구 100만 명 이상 도시가 중국에만 200개가 넘을 것으로 예측했습니다.

　우리나라는 어떨까요? 우리나라는 2021년 주민등록상 총인구 5164만 명 중 4740만 명이 도시 지역에 거주하고 있습니다. 국토의 16.7퍼센트를 차지하는 도시 지역에 총인구의 91.8퍼센트가 거주하고 나머지 국토 83.3퍼센트에 총인구의 8.2퍼센트가 살고 있는 것이죠.[◆◆]

◆　유럽연합 공동연구센터, "인간 행성지도"(Atlas of the Human Planet), 2019.
◆◆　통계청.

사람들이 도시로 향하는 이유

이처럼 도시에 사람들이 많이 몰려드는 이유는 무엇일까요?

가장 큰 이유는 일자리가 많기 때문이에요. 예를 들어 울산광역시의 경우를 볼까요? 울산에서 자동차산업이 성장하면서 일할 사람이 더 많이 필요하게 되었습니다. 그에 따라 다른 지역에서 일을 찾아 들어오는 사람들이 많아졌지요. 그러면 식구들도 같이 이사를 오게 되고 자연스럽게 인구가 증가합니다. 인구가 증가하면

뉴욕의 빌딩숲. ⓒ배성호

더 많은 식당과 마트가 필요하겠죠? 이런 식으로 인구가 늘면 생활 편의시설도 늘고 그에 따라 일자리도 더 늘어나게 됩니다.

인구가 많은 도시에는 학교도 더 많으므로 자녀에게 좀 더 나은 교육의 기회를 제공하기 위해서도 사람들은 도시로 이동합니다. 인구가 늘어날수록 거기에 맞춰 교통·문화·의료 시설도 점점 더 많아지고, 그러면 더 많은 사람이 이주해 오면서 일종의 순환이 계속되겠지요.

하지만 도시에 편리한 점만 있는 것은 아니에요. 수많은 사람이 도시로 몰려들면서 어떤 문제들이 생겨나는지 다음 장에서 살펴볼게요.

★ 함께 생각해요!

1 도시로 사람들이 몰려든 이유는 무엇인가요?
2 여러분은 도시와 촌락 중 어느 곳에 살고 싶나요? 그 이유는 무엇인가요?

03

도시화의 문제점

오늘날 도시는 세계적으로 수많은 사람이 살아가는 삶의 공간으로서 현재 인류의 의식주를 비롯한 생활 양식과 문화를 잘 보여줍니다. 교통과 통신 그리고 과학기술의 눈부신 발전 속에서 이뤄진 도시는 경제성장과 함께 다양한 사람이 한데 어우러져 사는 삶터로 자리하고 있지요. 하지만 빛이 있으면 그림자가 있는 것처럼, 도시로 몰려드는 많은 사람으로 인해 도시에는 여러 가지 문제가 생겨납니다. 이로 인해 도시의 지속가능성이 위협받고 있고요.

도시화 과정에서 자연스럽게 인구와 여러 가지 사회 제반 시설과 기능이 도시로 집중하면서 교통·환경·주택 문제 등 다양한 도시문제가 생겼습니다. 특히 우리나라는 수도권 집중 현상이 더욱 심해 부동산 문제, 주거 문제가 심각합니다.

도시 재개발사업의 빛과 그림자

　조세희의 소설 《난장이가 쏘아올린 작은 공》은 1970년대 재개발사업으로 인한 도시 빈민층의 좌절과 애환을 잘 그렸습니다. 6·25전쟁 이후 급격한 산업화 시대로 들어서며 많은 이들이 도시로 몰려왔어요. 그러나 일자리도 부족하고 대부분 낮은 임금의 일자리였기 때문에 사람들은 가난에서 벗어나기가 어려웠습니다. 이들은 집을 살 돈이 없었음은 물론 제대로 된 집의 월세를 내기도 어려워 무허가로 지은 허름한 집에 살면서 도시의 빈민층을 형성했죠.

　경제가 발전하면서 1970년대 들어서며 도심 곳곳의 이런 무허가 빈민촌을 본격적으로 재개발하기 시작했습니다. 무허가 빈민촌 건물을 철거하고 새로운 시가지를 만들었어요. 무허가 집에 살던 이들에게는 새로 짓는 아파트의 분양권(분양대금을 납부하고 입주할 수 있는 권리)만 주어졌습니다. 아파트 입주금을 마련할 수 없었던 철거민들은 이 입주 권리를 헐값에 팔아 버리고 다른 곳으로 떠날 수밖에 없었어요. 떠나지 않으려 한 이들은 강제로 쫓겨났고요. 조세희의 소설은 산업화·근대화 과정에서 벌어진 한국 사회의 비극적 현실을 몽환적이면서도 사실적으로 그리고 있습니다.

도시 재개발을 무조건 반대할 수는 없습니다. 재개발을 하면 오래되어 낙후한 지역의 경제적 가치가 상승하고 각종 시설이 들어서면서 주거 환경이 쾌적해지고 주민 생활이 편리해지기 때문이죠. 그러나 재개발사업이 기존 환경을 고려하지 않아 문제가 되거나 그곳에 살던 이들의 주거권을 제대로 보장하지 않는 경우도 많았습니다. 보상비와 이주비 문제로 자주 갈등이 발생했고, 강제 철거 과정에서 인명 피해도 생겼어요. 결국 힘이 없는 도시의 빈민들은 자기의 권리를 제대로 보상받지 못하고 보금자리를 빼앗기기 일쑤였고 또 다른 지역으로 옮겨가 다시 무허가 빈민촌을 이루기를 반복했습니다. 도시 서울의 발전 이면에는 도시 빈민들의 서글픈 이주 역사가 숨어 있습니다.

도시가 확대되는 과정에서의 어두운 면은 "아름다운 세계의 도시"(47쪽)에서 언급한 화려한 도시 홍콩에서도 발견됩니다. 홍콩은 아파트 가격이 평당 1억 원을 훌쩍 넘는, 세계에서 가장 집값이 비싼 도시이기도 해요. 그런데 용적률(대지면적에 대한 건축물 연면적의 비율)이 500-1500퍼센트에 달해 '닭장 아파트'라고도 불려요. 인구밀도는 높은데 땅은 좁으니 아파트를 높고 촘촘하게 짓기 때문이에요.

  게다가 집값이 비싸서 두세 평짜리 공간에 여러 명이 함께 살기도 합니다. 이런 곳에서는 전기도 여러 명이 공동으로 사용하기 때문에 누전 사고도 자주 일어납니다. 오래된 건물이라 화재경보기나 스프링클러 장치도 제대로 설치되어 있지 않아 사고가 발생하면 위험에 노출될 수밖에 없고요. 파리, 모기, 쥐, 바퀴벌레 등도 자주 발견되고 위생환경도 좋지 않죠. 이런 곳에 독거노인, 이주노

서울 북아현동의 재개발 현장.

동자, 일일근로자 등 사회적으로 어려운 이웃들이 살고 있습니다.

자연재해로 위험에 내몰리는 사람들

지구촌 곳곳에서 일어나는 기상이변에서도 도시의 문제는 잘 드러납니다. 폭염이나 폭설, 태풍 등 자연재난 상황에서 도시의 사회적 약자들이 더 큰 피해를 입기 때문입니다.

1995년 7월, 사상 최악의 폭염에 휩싸인 미국의 도시 시카고의 사례입니다. 당시 시카고는 기온이 섭씨 41도까지 치솟았고 체감온도는 무려 48도나 되었어요. 이 폭염으로 한 달 동안 700여 명이 사망했습니다. 그리고 같은 재난을 겪어도 사회적 약자들의 피해가 더욱 심각하다는 것이 사망 원인을 밝히는 과정에서 드러났습니다. 질병으로 침대를 벗어나지 못하는 사람들과 에어컨 없이 지낸 사람들이 폭염에서 사망할 위험이 세 배 이상 높았거든요. 또 혼자 살거나 외부와 접촉을 단절한 채 사회활동을 거의 하지 않는 사람들의 피해가 컸습니다. 즉 도시에서 소외된 사회적 약자들이 위험에 내몰리는 것입니다.

시카고 당국에서는 1995년의 폭염사태를 교훈 삼아 시민들과 함께 새로운 폭염 대비책을 세웠습니다. 폭염에 취약할 것으로 예상되는 시민 3만여 명을 모두 방문해 건강 상태를 확인했고, 폭염 대피소를 마련해 누구나 언제든 대피소로 올 수 있게 무료 셔틀버스를 운행했어요. 이런 노력으로 1999년 비슷한 수준의 폭염이 덮쳤을 때 사망자 수는 크게 줄어들었습니다.

겨울철도 마찬가지예요. 기름값이나 가스값 상승으로 인해 저소득층은 제대로 난방을 하지 못하는 상황에 자주 내몰리기 때문이죠. 집에서는 기본적인 건강을 챙기기도 쉽지 않습니다. 이 외에도 집중호우 등 기후변화로 인한 자연재해가 점점 더 많이 발생하는 상황에서 피해자는 대부분 사회적 약자들입니다. 경제적으로나 사회적으로 대비할 여력이 모자라기 때문입니다.

국가 간, 도시 간 불평등

세계 도시 간 문제도 함께 생각해 볼 필요가 있습니다. 경제성장을 위해 산업화와 개발 과정에서 탄소 배출은 선진국의 대도시들이 해놓고 그로 인한 지구온난화와 기후재난 피해는 개발도상국 등 중·저소득 국가의 시민들이 고스란히 입고 있기 때문이에요.

1850년부터 2021년 동안 인간이 배출한 이산화탄소는 약 2조 5000억 톤인데, 이중 미국과 중국 두 나라의 배출량이 31.7퍼센트입니다. 그 뒤를 러시아(6.9퍼센트), 브라질(4.5퍼센트), 인도네시아(4.1퍼센트), 독일(3.5퍼센트), 인도(3.4퍼센트), 영국(3퍼센트), 일본(2.7퍼센트), 캐나다(2.6퍼센트)가 잇고, 우리나라도 상위권인 20위를 차지하고 있습니다.

상황이 이러하기에 개발도상국들은 주장합니다. 현재의 기후위기는 산업혁명 이후 선진국들의 과도한 화석연료 사용과 온실가스 배출로 인한 것이므로 기후위기에 대한 역사적 책임 또한 선진국들이 져야 한다고 말이죠. 하지만 선진국들은 이를 인정하더라도 개발도상국들 역시 온실가스 감축 의무에 동참해야 한다고 말합니다. 이에 대해 개발도상국들은 그들의 최우선 목표는 경제성장과 빈곤퇴치이기 때문에 상당 기간 온실가스 배출 증가가 허용되어야 한다고 맞섭니다.

기후위기 역시 도시 간 사회 불평등의 문제를 잘 보여 줍니다. 그래서 최근에는 기후 문제를 기후정의와 인권의 문제로 확대해 접근해야 한다는 목소리가 높아지고 있어요. 실제로 해수면이 낮은 투발루를 비롯한 국가들은 지구온난화로 인해 삶터가 사라질 수 있는 긴박한 상황입니다. 지속적인 해안 침식과 그로 인한 인프라 파손은 그들의 생활과 생계를 위협하고 있습니다. 지구온난화에 거의 영향을 끼치지 않은 투발루 사람들이 왜 지구온난화의 피해를 입어야 할까요?

온실가스 농도는 이 세상 모든 곳에서 평등하게 증가하지만 그 피해 대부분은 불평등하게 가난한 지역과 다음 세대에서 일어나는 것이죠. '가진 자'들이 일으킨 위험을 '가지지 못한 자'들이 당하고 있는 것입니다. 여기에 대해 세계의 국가들은 어떻게 함께 대응하고 대책을 마련해야 할까요?

지구온난화로 인한 기후변화는 갈수록 심각해집니다. 이에 따

투발루 수도 푸나푸티 해안에서 물에 들어가 기후위기 대응 촉구 연설을 하는
사이먼 코페 외무장관.

해수면 상승 피해를 알리는 투발루 아이들.

라 폭염, 가뭄, 해일, 폭풍 등 자연재해의 빈도와 강도 또한 증가하고 있고요. 소수의 단기적 이익을 위해 우리 모두를 위한 지구가, 우리 모두의 장기적 이익이 파괴되고 있습니다. 도시화로 인해 인류는 커다란 발전을 이룬 것처럼 보이지만 한편에서는 이처럼 심각한 문제가 드러나고 있습니다. 그들만의 문제가 아니라 우리 모두의 문제입니다.

★ 함께 생각해요!
 1 도시화의 문제 중 어떤 문제가 가장 심각하게 느껴지나요?
 2 도시에서 소외된 이웃은 누구일까요?

∅4

지방이 사라지고 있어요

사람들이 많이 모여드는 도시에서 주택, 환경, 교통 등 다양한 문제가 발생하는 한편 농어촌에서는 또 다른 문제가 발생하고 있습니다. "우리 동네에서 새로 태어난 아기 울음소리 들은 게 언젠지 기억이 안 난다." 농어촌에는 이렇게 얘기하는 어르신이 많이 계시죠. 70세가 넘은 할아버지가 동네에서 막내인 경우도 있고요. 이러다 우리 지역 사람들이 다 떠나고 마을이 사라지는 건 아닌가 걱정을 하기도 합니다.

이런 현상에 대해 일본의 전 총무대신 마스다 히로야는 2014년에 '지방 소멸'이라는 말을 했습니다. 현재의 인구감소 추세대로라면 일본의 896개 지방자치단체가 소멸할 수 있다는 경고였어요.

이러한 문제는 우리나라도 마찬가지예요. 수도권 초집중 현상과 지방 인구의 고령화 및 출생률 저하 등으로 인해 지방 소멸 이야기가 현실로 드러나고 있습니다. 2022년 3월 기준 이러한 지방 소멸 위험지역은 113곳으로, 전국 228개 시군구의 약 절반(49.6퍼센트) 수준입니다.◆

지방균형발전은 선택이 아니라 필수

이런 문제를 어떻게 해결하면 좋을까요? 지방균형발전을 위한 적극적 노력이 필요하겠죠. 독일의 경우 국가의 주요 기관들을 일찍부터 전국에 골고루 분포시켰습니다. 예를 들어 헌법재판소와 대법원은 카를스루에에, 중앙은행은 프랑크푸르트에, 공영방송 ARD와 ZDF는 함부르크와 마인츠에 본사가 있습니다. 이에 반해 우리나라는 대법원과 중앙은행, 공영방송들 모두 서울에 있죠.

국가 기관만이 아닙니다. 독일은 대기업 본사도 전국에 골고루 분포되어 있어요. 유명한 자동차 회사 BMW는 뮌헨에, 자동차 부품 업체 보쉬와 고급 자동차 브랜드 벤츠의 본사는 슈투트가르트

◆ 고용노동부 보도자료, "22년 3월, 전국 시군구 2곳 중 1곳은 소멸위험지역", 2022년 4월 29일.

슈트트가르트에 위치한 벤츠 본사.

에, 세계적 제약회사 바이엘은 레버쿠젠에 있습니다. 이들 기업이 해당 지역 대학 출신들을 우대해 채용하고 있으니 지역 젊은이들은 일자리를 구하기 위해 굳이 수도 베를린으로 갈 필요가 없어요. 독일은 각 지방에서 자체적으로 발전산업, 유전자공학, 산업디자인 등 다양한 분야의 전문성을 갖추고, 이를 기반으로 지역 경쟁력을 확보하고 있습니다.

또 독일은 지방정부에 건축물의 허가권과 건축규제, 교육, 문화 등 다양한 분야에서 광범위한 권한을 부여합니다. 이를 통해 지방정부는 지역의 특성과 요구에 맞게 정책을 수립하고 실행할 수 있고, 이것은 지역 사람들의 삶의 질을 높이는 데 큰 역할을 하죠.

우리나라의 수도권 초집중 현상

우리나라도 2003년부터 지방균형발전을 위한 정책을 펼쳐 가고 있습니다. 2003년 4월 국가균형발전위원회를 설치했고, 2004년 1월에는 국가균형발전특별법 제정 및 국가균형발전특별회계를 설치·운영하면서 지역 간 불균형을 시정하고 국가균형발전의 토대를 마련하고자 했습니다. 그리고 2012년부터 정부서울청사와 정부과천청사에 있던 정부 부처들을 세종시로 이전했습니다. 또 공공기관의 지방 이전도 2014년부터 본격적으로 시행해 2019년까지 153개의 공공기관을 지방으로 이전했어요. 그런데도 공공기관의 절반 이상은 아직 서울 등 수도권에 집중되어 있습니다.

그러나 무엇보다 일자리의 수도권 집중 현상이 심각합니다. 대기업 본사 75퍼센트가량이 수도권에 편중되어 있어서 자원과 인재를 블랙홀처럼 빨아들이고 있어요. 수도권에 기업이 집중되어

전국 곳곳에 방치된 빈집이 증가하고 있습니다.

있으니 청년들은 일자리를 찾아 수도권으로 몰리고, 청년 인구가 빠져나가니 그나마 몇 없는 지방의 기업들은 필요한 인력을 구하기 힘든 상황입니다.

교육 측면에서도 수도권 집중 현상을 발견할 수 있습니다. 전국 대학(336개)의 32퍼센트가 서울(48개)과 경기도(61개)에 집중되어 있습니다. 그뿐 아니라 서울의 대학들은 상대적으로 우수한 교육환경과 취업 기회를 제공해요. 반면 지방의 대학들은 인프라와

연구개발에 대한 투자 부족은 물론이거니와 최근에는 입학생을 모집하기도 힘든 경우가 많습니다.

문화 측면에서도 마찬가지입니다. 서울이 문화의 중심지로 자리 잡으면서 지방의 문화가 희생되고 있어요. 서울에 다양한 문화 시설과 행사가 집중되는 반면 지방은 문화 산업의 발전이 더딥니다. 이로 인해 지방의 문화가 소외됨은 물론 지방민들이 다양한 문화 경험을 할 기회 역시 제한되죠.

이렇게 되면 결국 '지방 소멸'의 위험에 처할 것입니다. '지방 회생'을 위한 길은 없을까요? 2021년 10월 행정안전부는 전국 시군구 89곳을 인구감소지역으로 지정해 고시했습니다. 그리고 연간 1조 원의 지방소멸대응기금을 집중 투입하고 국고보조사업을 선정할 때 가점을 주는 등 행정적·재정적 지원을 통해 '인구 소멸'의 위기에서 탈출하는 것을 돕기로 했습니다. 좀 더 체계적이고 지속적인 정책과 장기적 안목이 필요합니다.

★ 함께 생각해요!
 1 지방 소멸이라는 말을 들었을 때 어떤 느낌이 드나요?
 2 지방 소멸을 해결하기 위해 어떤 노력이 필요할까요?

서울 남산에 있는 기억의 공간

　서울 남산은 우리 근현대의 역사가 오롯하게 담긴 장소입니다. 나라를 빼앗긴 아픔이 서린 장소이자 또 이를 잊지 않고 기억하기 위해 세운 기념비들과 기념관이 자리한 곳이죠.

　먼저 남산에 마련된 기림비를 보면, 손을 맞잡은 한국과 중국과 필리핀 소녀를 한 할머니가 바라보고 있어요. 이 할머니는 일본군'위안부' 피해 사실을 처음 증언한 김학순 할머니예요. 할머니의 용기로 일본군'위안부'라는 역사적 사실이 전 세계에 알려졌지요. 할머니가

서울 남산에 세워진 "서울 일본군'위안부' 피해자 기림비." ⓒ배성호

일본군'위안부'로 끌려가는 모습의 세 소녀를 바라보면서 과거의 역사가 현재와 이어져 있음을 일깨워 줍니다. 어두운 역사를 함께 이겨 나가자는 듯 손을 잡은 소녀들은 한쪽 켠으로는 손을 잡지 않았어요. 그 빈자리에 우리가 손을 잡아 함께하자는 뜻이에요. 그래서 이 기림비를 "정의를 위한 연대"Unity for Justice라고 이름 붙였어요.

이 기림비는 "서울 일본군'위안부' 피해자 기림비"라고도 해요. 똑같은 기림비가 미국 샌프란시스코에도 있거든요. 중요한 역사를 잊지 않고 기억하기 위해 샌프란시스코에서 먼저 기림비를 세웠고, 2019년 3·1운동 100주년을 맞이해 김진덕·정경식재단 등 샌프란시스코 교민들이 자발적으로 뜻을 모아 서울시에 기림비를 기증했습니다.

기림비를 세울 곳으로 서울 남산이 꼽힌 이유가 있어요. 바로 이곳이 일제 강점기의 아픈 역사를 간직한 조선신궁 터이기 때문이에요. 원래는 조선 시대 국사당이 있었던 자리였는데 일제가 이를 강제로 철거한 후 일본의 국가 종교 시설인 신궁을 세웠죠. 일본 왕을 신처럼 모시기 위해 서울 남산 중턱에 조선신궁을 만든 거예요. 이곳에 강제 참배를 시키며 우리 민족의 정기를 끊으려 한 것이죠. 이런 아픈 역사가 있는 장소이기에 서울시와 서울시교육청 그리고 시민들은 이곳에 평화와 인권의 상징인 기림비를 설치하기로 한 것입니다.

그리고 일제가 을사늑약을 체결한 후 조선을 빼앗을 목적으로 남산자락에 설치한 것이 후에 조선총독부로 개편된 조선통감부입니다. 이 통감관저에서 1910년 8월 22일, 이완용과 데라우치 통감이 한일강제병합을 체결했죠. 이 국치의 현장에 "일본군'위안부' 기억의 터"가 조성되었습니다. 2016년 서울특별시가 일본군 위안부 할머니

(위) 통감관저에 조성된 "일본군 '위안부' 기억의 터." ©배성호
(아래) 조선신궁 자리에 만들어진 안중근기념관. ©김태빈

조선신궁 터에서 통감관저 터(위)까지 이어진 1.7킬로미터의 국치길(아래). ©배성호

들의 증언록과 피해기록 그리고 일제의 만행 등을 기록한 내용을 중심으로 체험과 인권 및 평화 이야기를 나눌 수 있는 공간으로 조성했어요.

독립 이후 조선신궁이 있던 자리에는 안중근기념관과 백범광장을 만들었습니다. 일제의 역사를 잊지 않고 기억하기 위해, 그리고 독립운동에 헌신한 안중근 의사와 김구 선생을 기억하기 위해서입니다. 서울 남산은 우리 근현대 역사의 아픈 기억을 품고 있습니다.

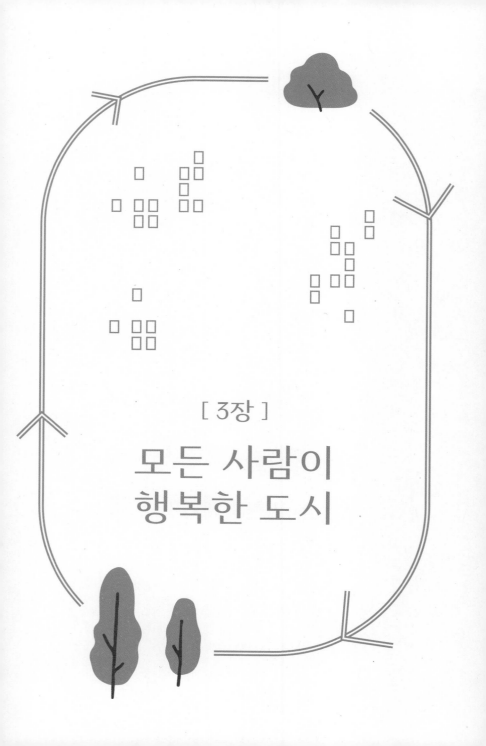

[3장]

모든 사람이
행복한 도시

Ø1
·········
95센티미터 높이에서 보는 도시

도시를 95센티미터 높이에서 바라보면 어떨까요? 도시의 모습은 우리의 눈높이에 따라 다르게 보입니다. 95센티미터는 바로 어린이의 눈높이죠. 이 높이에서 도시를 바라보면서 안전하고 살기 좋은 곳으로 바꿔 나가자는 캠페인이 있습니다. 네덜란드의 베르나르드 반 레이어 재단Bernard van Leer Foundation에서 시작한 '어반95'Urban95 프로젝트예요. 어린이를 비롯해 키 작은 시민의 눈높이로 도시를 보면 이전에 보이지 않던 위험과 불편함을 찾을 수 있거든요.

예를 들어, 안전을 위해 도로 한가운데 나무를 심거나 울타리를 세워 두는 경우가 있습니다. 맞은편 도로에서 다니는 차량으로부터의 안전을 위해 설치한 것이죠. 그런데 이런 시설이 오히려 어

포르투갈의 '어반95' 마이크로파크 개관 현장. 아이들이
"쓰레기 및 오물 투기 금지"라고 씌여 있는 팻말 아래서 놀고 있습니다.

린이에게는 위험할 수 있어요. 울타리보다 키가 작은 어린이의 경
우 횡단보도 옆에 설치된 나무나 울타리 등으로 인해 길을 건널
때 운전자의 시야에서 보이지 않아 사고 위험이 커지기 때문이죠.
노르웨이의 오슬로에서는 이 프로젝트를 계기로 어린이의 시야를
가로막지 않고 또 운전자도 어린이를 보지 못하는 일이 없도록 교
차로 주위의 나무를 낮게 깎고 울타리도 없앴습니다.

어반95 프로젝트는 키 작은 시민들도 안전하고 편안한 도시 생활을 누리고 있는지 살펴보면서 도시를 더 살기 좋은 곳으로 만들어 가고 있습니다. 하지만 이것은 단순히 어른들이 어린이를 배려해 도시를 고쳐 가는 게 아니에요. 어른이나 어린이나 모두 도시에서 살아가는 소중한 공동체 구성원으로서 마땅히 존중받아야 한다는 생각이 바탕인 거죠. 이 프로젝트는 현재 전 세계 곳곳에서 다채롭게 펼쳐지고 있습니다.

구체적이고 실제적인 배려와 정책

어린이의 눈높이에서 보는 도시는 성인들이 보는 세상과 다릅니다. 빌딩이나 공공기관의 출입문을 어른은 쉽게 밀고 갈 수 있지만 힘이 약한 어린이나 노약자는 문을 열기가 힘들어요. 출입문의 벨 높이도 마찬가지죠. 이런 것은 어린이의 시선, 노약자의 입장에서 보지 않으면 알기 힘든 내용입니다. 이 외에도 주위를 둘러보면 다수의 건강한 성인 중심의 환경이 눈에 들어옵니다. 이런 것에 질끈 눈 감아 버리지 말고, 도시의 시민으로서 함께하는 어린이와 사회적 약자를 배려하는 마음, 나아가 구체적이고 실제적인 정책이 필요합니다.

예를 들어 차도와 보도 사이 턱도 마찬가지입니다. 대개 이 턱의 높이는 30센티미터 정도예요. 성인은 큰 무리 없이 쉽게 계단처럼 건널 수 있는 높이지만 유아기 어린이나 노인 그리고 장애인에게는 커다란 장벽이 되죠. 유모차나 휠체어를 끄는 경우 이동 자체를 아예 못할 수도 있고요.

이처럼 어린이의 시선으로 도시를 살피는 것은 중요합니다. 학교 주변 통학로에서도 때때로 안타깝게도 교통사고가 일어납니다. 그래서 우리나라에서는 학교 주변에 옐로카펫이나 시속 30킬로미터 이하로 속도를 제한하는 제도를 시행하고 있습니다. 도로교통공단이 국가별 교통사고 현황을 분석한 〈OECD 회원국 교통사고 비교 보고서〉(2021년 판)에 따르면 우리나라는 인구 10만 명당 교통사고 사망자 27위, 자동차 1만 대당 사망자 31위였고, 특히 교통사고 사망자 중 보행자 비율이 38.9퍼센트로 OECD Organization for Economic Cooperation and Development (경제협력개발기구) 회원국 가운데 최하위를 기록했습니다. 이는 OECD 회원국 평균인 19.3퍼센트보다 두 배 높은 수치로, 보행 안전 대책이 시급한 상황임을 보여 줍니다.

옐로카펫

어린이들이 횡단보도를 건너기 전 안전한 곳에서 기다리게 하고 운전자가 이를 쉽게 인지하도록 하기 위해 바닥 또는 벽면을 노랗게 표시한 교통안전 설치물. 옐로소사이어티 이제복 대표가 창안했다.

서울특별시 성북구 길음동에 설치된 최초의 옐로카펫. ©이제복

　　교통사고 예방을 위해 가장 효과적인 방법은 운행 속도를 낮추는 거예요. 속도를 낮추면 제동거리가 크게 짧아져서 운행 중 갑자기 보행자를 발견하더라도 안전하게 대처할 수 있기 때문이죠. 한국교통안전공단의 실험 결과 차량 속도가 시속 60킬로미터일 때 제동거리가 36미터인 데 반해 시속 50킬로미터일 때 제동거리는 27미터로, 사고 위험이 크게 낮아지는 것으로 밝혀졌습니다.

　　이미 유럽에서는 1960년대부터 스웨덴 등에서 속도 제한을 두기 시작했습니다. 시내에서 최고속도를 시속 50킬로미터로 제한해 교통사고 발생 건수와 사망자 수가 줄었다는 통계도 많이 나와 있고요. 이를 근거로 우리나라에서도 도시 내 주행 속도를 낮추기로 한 것입니다.

노르웨이 남동쪽에 있는 도시 오슬로는 교통사고 사망자가 인구 10만 명당 2.1명으로 세계 최저 수준을 보이는 곳입니다. 우리나라가 9.8명, 세계 평균이 18.2명인 것과 비교하면 시사하는 바가 크죠. 유럽교통안전위원회ETSC, European Transport Safety Council에서는 제한속도를 시속 30킬로미터로 낮춘 것이 이 같은 결과를 낸 것이라고 분석했어요. 2019년 2월에는 도로교통 관련 국제회의에서 80여 개국 교통 관료들이 제한속도를 낮추자는 요구를 합의문에 포함하는 등 세계적으로 도시 내 제한속도를 더 낮추는 방향으로 정책을 마련하고 있습니다.

도시에서 차량 속도를 낮추고자 하는 데에는 환경적인 이유도 있습니다. 독일의 베를린 같은 큰 도시가 도로 곳곳을 시속 30킬로미터로 제한한 것은 질소산화물과 이산화탄소 등의 배출량이 30퍼센트 가까이 감소한다는 실험 결과 때문이에요. 속도를 낮추면 타이어에서 나오는 분진, 급제동 시 발생하는 분진, 자동차가 지나갈 때 나오는 부유 먼지 등 여러 부분이 개선된다는 테스트 결과가 많습니다.

이런 노력은 어린이들만을 위한 것이 아니에요. 사회의 가장 작고 약한 사람을 배려한 환경과 정책은 결국 나를 위한 것입니다. 지금은 힘세고 건강하지만 우리는 모두 늙고 병들기 때문이죠. 어린이가 안전하고 살기 좋은 도시가 모든 시민에게 안전한 도시입니다.

모두가 안전한 도시

콜롬비아의 수도 보고타의 시장 엔리케 페날로사Enrique Penalosa는 어린이의 눈높이에서 도시를 안전하고 살기 좋은 곳으로 만들었습니다. 그는 "좋은 도시는 가난한 사람도 차를 모는 곳이 아니라 부자도 대중교통을 이용하는 곳이다"A good city is not one where ever the poor go by car but rather one where even the wealthy use public transport라는 말을 했어요. 도시가 어떻게 변해야 하는지를 아주 잘 짚어 주는 말이지요.

페날로사 시장은 남아메리카에서도 교통지옥으로 불리던 도시 보고타에 시클로비아ciclovía라는 자동차 없는 거리를 만들어 차량 통행을 일시적으로 제한하고 자전거와 보행자에게 도로를 개방했습니다. 그리고 빈민가를 관통하도록 자전거 도로를 만들어 그곳이 쾌적한 공원 역할을 하도록 했죠. 이곳에서 아이들은 자동차에 대한 두려움 없이 안전하게 놀 수 있었고요. 어린이 교통사고 사망률로 악명 높던 도시 보고타는 이렇게 녹지 풍부한 자전거·어린이 친화적 도시가 되었습니다. 어린이에게 안전한 보고타는 당연히 모든 시민이 살기 좋은 도시가 되었고요.

이런 노력은 이미 100여 년 전 우리나라에서도 제안되었습니다. 1922년 방정환 선생님과 운동가들이 어린이날을 열었고, 1923년에는 "어린이 해방선언"을 발표한 것이죠. "어린이 해방선언"은 우리 민족의 미래인 어린이들이 일제 강점기 상황에서 해방되어 온전히 자라길 바라며 만든 중요한 인권 선언입니다.

이 선언은 세계에서 가장 앞서 발표된 어린이 권리 선언이에요. 1924년 국제연맹(현 유엔)에서 어린이를 위한 기초 사항의 보장, 사회적 존재로서의 성장과 유지를 위한 교육권 제공, 노동 착취로부터의 보호 등을 다룬 "제네바 선언"보다 더 확장된 개념의 어린이 인권 선언으로서 큰 의미가 있습니다. 그 내용을 원문 그대로 잠깐 살펴볼까요?

- 어린이를 재래의 윤리적 압박으로부터 해방하여 그들에 대한 완전한 인격적 예우를 허하게 하라.
- 어린이를 재래의 경제적 압박으로부터 해방하여 만 14세 이하의 그들에 대한 무상 또는 유상의 노동을 폐하게 하라.

- 어린이들이 고요히 배우고 즐거이 놀기에 족할 각양의 가정 또는 사회적 시설을 행하게 하라.

어린이들이 건강하게 성장할 수 있도록 사회와 국가가 준비하고 늘 어린이를 존중해야 한다는, 지금 우리도 귀 기울여야 할 내용입니다.

자라나는 청소년이 도시의 문화적·사회적 자원을 이용할 수 있도록 부모뿐 아니라 도시와 정부 당국도 노력을 기울일 필요가 있습니다. 청소년이 다양한 사회 구성원과 함께 안전하고 자유롭게 활동하면서 성장할 수 있는 도시가 모두에게 안전하고 살기 좋은 도시이기 때문이죠.

★ 함께 생각해요!
1 '어반95' 프로젝트는 왜 시작되었을까요?
2 어린이가 살기 좋은 도시가 모든 시민이 살기 좋은 도시인 이유는 무엇일까요?

02

....

보행자를 위한 도시

생활 속에서 찬찬히 길을 살펴본 적 있나요? 흔히 도시에서 '길'이라고 하면 차도를 먼저 떠올리기 쉽습니다. 위낙 차들이 많이 다니다 보니 사람들이 걷는 인도보다는 차도가 익숙해졌기 때문이죠. 그런데 최근 우리 사회에서 '걷고 싶은 거리'가 주목받고 있습니다. 차량 중심이 아니라 사람 중심으로 도시를 새롭게 바라보자는 움직임이 커지고 있는 것이죠.

서울시에서 '걷고 싶은 거리' 1호로 뽑은, 전국적으로도 아름다운 길로 손꼽히는 거리는 어디일까요? 바로 덕수궁길입니다. 해외 관광객들도 즐겨 찾는 곳이에요. 이곳이 아름다운 길로 뽑힌 것은 차가 중심이 아니라 도로를 걷는 사람을 중심으로 길을 마련했기

차도보다 인도가 넓은 덕수궁 돌담길.

때문입니다. 덕수궁길은 사계절 모두 풍광이 아름다워 언제라도 걷기 좋은 길이에요. 늘 근처 직장인과 학생을 비롯해 많은 사람이 산책을 즐기는 곳이지요. 덕수궁 돌담을 끼고 있어 덕수궁 돌담길로도 불립니다.

이곳 돌담길은 인도와 차도가 공존하는 도로로, 가로수와 화단이 잘 어우러져 있습니다. 특히 이곳은 차도를 직선으로 만들지 않고 지그재그로 만들었는데, 차의 속도를 줄이기 위해서죠. 또 이곳은 일반적인 길과 달리 사람들이 걷는 길이 차도보다 넓어서 색다르게 느껴집니다.

걷고 싶은 거리 만들기

덕수궁 돌담길은 보행자의 안전과 건강까지 생각하는 보행자 중심 도로입니다. 국토교통부에서는 이 길에 적용된 도로설계기법인 '교통정온화'Traffic Calming 시설을 전국으로 확대하기로 했어요. 교통정온화는 교통을 조용히 진정시킨다는 뜻으로, 보행자에게 안전한 도로 환경을 제공하기 위해 물리적 시설을 설치하여 자동차의 속도와 통행량을 줄이는 방법이에요.

교통정온화를 위해 지그재그 도로를 만들고, 차로 폭을 좁히면서 과속방지턱이나 도로 면에 요철포장 등을 설치합니다. 이런 교통정온화 시설은 전국의 주요 도심지와 어린이·노인 보호구역, 이면도로 등에 확산되고 있어요. 시민들이 보행자의 안전보장을 요구한 결과입니다.

시민들은 '걷고싶은도시만들기시민연대' 같은 시민단체를 만들어 다채로운 제안을 많이 했습니다. 정부와 지방자치단체는 시민들의 제안을 받아들였고요. 그래서 기존의 자동차 통행 중심의 도로설계 방식에서 지역의 특성을 반영하고 지역 주민 중심의 도로설계 방식으로 개선하기 위해 국토교통부는 2018년 "도시지역도로 설계 가이드"를 만들었습니다. 그리고 이 설계 가이드를 토대로 2019년 "도시지역도로 설계 지침"을 제정했습니다.

길을 걸으면서 도로를 살펴보세요. 새롭게 바뀌어 가는 풍경과 함께 그 도로를 이용하는 사람들의 변화된 모습을 마주할 수 있을 거예요. 과거 차량과 속도 중심의 획일적 기준으로 건설되던 도로에서 해당 지역의 도시 특성을 반영한 사람과 안전 중심의 도로가 늘어나고 있기 때문이죠. 이런 곳이 늘어나면 차량을 이용하는 것보다 걷는 것을 더 선호하는 문화가 자리 잡을 수 있을 테고요.

걷는 사람이 많아지면 환경오염 문제에도 도움이 되겠지요. 그만큼 차량을 덜 운영하면서 배기가스와 에너지 낭비를 줄일 수 있으니까요.

최근 자전거 도로가 많아지고 있습니다. 자가용 승용차보다 대중교통과 자전거를 이동 수단으로 이용하는 이들이 많아졌기 때문이에요. 우리나라뿐 아니라 전 세계 주요 도시들이 살기 좋은 지역을 만들기 위해 차도를 줄이고 자전거 도로를 넓히고 있습니다. 도로를 거닐다가 혹 제안하고 싶은 것이 있으면 시민단체를 통해서나 직접 지방자치단체 또는 정부에 제안해 보는 것도 좋습니다. 도시는 결국 그곳에서 살아가는 시민들의 참여 속에서 더 살기 좋은 곳으로 만들어집니다.

변화하는 횡단보도

　도로에 변화가 생겼습니다. 바로 횡단보도예요. 횡단보도는 차
도에서 보행자의 안전 및 이동편의성과 직결된 중요한 교통안전
시설입니다. 예전에는 도로를 건널 때 횡단보도보다 육교나 지하
도를 이용하는 경우가 더 많았어요. 계단이 있는 육교나 지하도는
노인과 어린이, 장애인에게 커다란 장벽이었지만 횡단보도보다
육교나 지하도가 더 많이 설치되어 있었기 때문이죠. 사람보다 차
량을 우선하는 도로정책이었던 거예요. 그러던 것이 최근에는 육
교나 지하도를 줄여 나가면서 대신 횡단보도를 설치하는 추세입
니다.

　횡단보도 또한 변화하고 있습니다. 사거리 등에서는 횡단보도
를 두 번 이상 건너야 목적지까지 갈 수 있는 경우가 있죠. 그런데
최근 바뀐 횡단보도에서는 한 번의 신호에 바로 목적지까지 갈 수
있어요. 'X자 횡단보도'로 불리는 대각선 횡단보도가 만들어진 덕
분이죠. 대각선 횡단보도는 보행신호 때 보행자가 건너편만이 아
니라 대각선 방향으로도 건널 수 있게 만든 횡단보도입니다. 모든

바닥에 경광등이 켜지는 바닥 신호등. ©경기북부탑뉴스

방향의 차들이 완전히 멈춘 상태에서 보행자는 안심하고 원하는 곳으로 길을 건널 수 있게 된 거죠. 이전보다 차량의 신호대기 시간은 조금 늘어나지만 보행자의 안전은 훨씬 높아진 대각선 횡단보도는 이제 도심지를 비롯해 학교 앞 사거리나 어르신 보호구역 등에 점점 더 많이 설치되고 있습니다.

최근에는 횡단보도에 특별한 신호등이 설치되고 있어요. 바닥에서도 신호를 볼 수 있는 바닥 신호등이죠. 그리고 빨간 신호일 때 횡단보도 안전선을 넘으면 위험하다는 음성 안내도 나옵니다. 휴대전화 등을 보면서 도로를 걷고 심지어 신호등을 잘 살피지 않는 경우도 종종 있는데 이런 바닥 신호등이나 음성 안내는 보행자의 안전을 더욱 촘촘히 지켜 줍니다.

바닥 신호등은 운전자에게도 도움이 됩니다. 바닥에 신호등이 점등되어 야간이나 안개 등으로 시야가 좋지 않은 상황에서 횡단보도가 있다는 걸 알려주기 때문이죠.

★ 함께 생각해요!

1 걷고 싶은 거리로 어떤 곳을 추천하고 싶은가요?
2 교통정온화 시설을 전국으로 확대하는 까닭은 무엇일까요?
3 보행자의 안전을 위해 제안하고 싶은 것을 이야기해 봅시다.

０３

장애인을 위한 도시

생활 속 그림문자인 픽토그램을 자세히 본 적 있나요? 장애인
을 표시하는 픽토그램은 많은 사람의 노력으로 바뀌었어요. 이전
에는 누군가 밀어 주어야 하는 형태로 그려졌는데, 최근에는 장애
인 스스로 움직이는 모습으로 바뀌었어요. 주체성과 역동성이 담
겼지요. 장애인은 혼자서 이동할 수 없다는 사람들의 편견이 고스
란히 들어 있었던 이전 픽토그램을 바로잡은 것입니다.

뉴욕 지하철 계단에 만들어진 공익 광고를 한번 살펴볼게요.
이 광고는 우리나라 광고기획자 이제석 씨가 의뢰받아 제작한 공
익 광고예요. 계단 한가득 에베레스트산이 그려져 있지요. 많은 이
들이 익숙하게 이용하는 계단이 누군가에게는 거대한 에베레스트

뉴욕 지하철역 계단에 설치된 공익 광고.

산처럼 느껴질 수 있다는 사실을 나타낸 것이에요. 바로 장애인을 비롯해 노인과 어린이 등 교통 약자도 지하철을 쉽게 이용할 수 있도록 기반 시설이 필요함을 상징적으로 드러낸 것입니다.

스스로 이동할 수 있는 권리

이런 캠페인이 펼쳐지면서 뉴욕에는 큰 변화가 생겼어요. 장애인 픽토그램을 바꾸는 데서 더 나아가 장애인의 대중교통 이용 환경을 개선해 나간 것이죠. 뉴욕의 시민단체들이 엘리베이터나 경사로 등 장애인 이동 시설이 부족한 현실을 꾸준히 알리고 지역 정부에 개선을 요청하면서 변화를 이뤄 낸 것입니다. 2025년까지 뉴욕 지하철 역사 95퍼센트에 장애인을 위한 승강기나 경사로를 설치할 계획이라고 해요. 그리고 이런 시설은 장애인뿐 아니라 노약자와 임산부 등 다른 교통 약자도 이용할 수 있습니다.

우리나라 지하철이나 버스 등에서도 달라진 장애인 픽토그램을 많이 볼 수 있어요. 하지만 정작 장애인들이 대중교통을 이용하는 모습은 잘 보지 못하는 것이 현실이죠. 장애인들이 대중교통을 이용하는 데에 아직 여러 장벽이 있기 때문입니다.

실제로 우리나라 지하철에는 곳곳에 장애인을 위한 시설임을 알리는 픽토그램이 많이 그려져 있어요. 그런데 문제는 역무원을 불러야만 휠체어를 타고 지하철을 이용할 수 있다는 점입니다. 지하철 승강장뿐 아니라 지상으로 올라가는 계단에서 리프트를 이용할 때도 역무원을 불러야 하는 경우가 많습니다. 장애인이 스스로 이동할 수 있도록 돕는 시설이 아니라 누군가의 도움을 받아야 이동할 수 있는 시설이라는 점이 문제입니다.

이런 장벽들로 인해 장애인 단체 등에서는 이동권을 위해 시위를 펼치기도 합니다. 생활인으로 살아가는 데 있어 가장 기본으로 필요한 이동권 자체가 보장되지 못한 현실을 조금이라도 바꿔 나가기 위해서죠. 물론 그런 시위로 인해 때때로 열차 배차 시간이 늦어지는 등 불편한 점도 생깁니다. 하지만 비장애인만 살아가는, 비장애인만을 위한 도시가 아님을 기억해야 합니다. 그리고 지금 건강한 사람도 예기치 않은 사고가 발생하거나 나이가 들어 감에 따라 거동이 불편해질 수 있음 또한 잊지 말아야 해요. 그들의 시위가 그들만을 위한 시위가 아니라는 것입니다.

모든 이를 위한 도시, 모든 이를 위한 디자인

평생 마음대로 이동하지 못하고 살아온 이들의 요구를 귀 기울여 들으면서 함께 문제를 풀어 가기 위해 노력하는 자세가 필요합니다. 도시는 다양한 사람이 함께 살아가는 곳이기 때문이에요. 사회가 성숙할수록 장애인을 비롯해 사회적 소수자들과 더불어 살아가기 위한 노력이 뒷받침되면서 도시는 더 살기 좋은 곳으로 바뀔 수 있습니다.

시각장애인은 어떨까요? 손잡이 점자표지판이 잘 설치되어 있어야 시각장애인도 지하철을 이용할 수 있습니다. 계단, 에스컬레이터, 경사로, 복도 등의 손잡이에 점자가 표기된 표지판을 설치해 진행 방향과 층수, 목적지 정보 등을 제공해야 하는 것이죠.

또 장애인이 이용할 수 있는 화장실은 남녀 구분을 위해 점자표지판을 설치해야 합니다. 승강기에도 호출 버튼과 조작판에 점자를 표기해 상하, 층수, 문이 열리고 닫히는 정보 등을 제공해야 하고요. 이런 시설은 법적으로 강제되어 있음에도 아직 지하철역의 절반에도 제대로 설치되지 않은 상황입니다.

이런 현실 장벽들로 인해 우리나라에서는 장애인이 대중교통을 이용하는 모습이 여전히 낯설게 느껴집니다. 하지만 유럽 등에서는 생활 속에서 장애인이 대중교통을 편하게 이용하는 모습을 자주 봅니다. 그만큼 장애인의 이동권이 보장되었기 때문이죠.

최근 전 세계적으로 주목받는 디자인이 있어요. 바로 모든 사람을 위한 디자인, 유니버설 디자인입니다. 유니버설 디자인은 성

휠체어나 유아차도 쉽게 타고 내릴 수 있게 디자인된 저상버스.

별, 나이, 국적, 장애 유무와 상관없이 누구나 손쉽게 사용할 수 있는 디자인입니다. 디자인을 통해 함께 사는 세상을 만든다는 뜻이 담겨 있어요. 그래서 모두를 위한 디자인이라고도 하죠. 흔히 디자인이라고 하면 멋지고 예쁜 것을 떠올리는데, 유니버설 디자인은 함께 사는 사회와 도시를 위한 디자인입니다.

　유니버설 디자인은 장애인에게만 도움이 되는 것이 아니에요. 우리 모두의 생활을 편리하게 해주죠. 대표적인 것이 바로 저상버스입니다. 보통 버스는 계단을 통해 타야 하는데 저상버스에는 계단이 없어요. 그래서 휠체어를 탄 사람도 안전하고 편리하게 버스를 탈 수 있죠. 저상버스는 장애인만이 아니라 노인과 어린이에게도 아주 편리합니다. 그래서 이제는 모든 시민의 교통수단으로 전 세계적으로 널리 사용되고 있어요. 사실 대중교통에서 일반적으로 이용되었던 계단 버스는 타고 내리는 과정이 노인과 유아차를 이용하는 사람에게 커다란 장애물이었습니다.

건물 출입구에 계단 대신 또는 계단과 나란히 경사로를 설치한 사례도 쉽게 볼 수 있는 유니버설 디자인입니다. 이 외에도 시각장애인을 위한 오디오북을 비롯해 생활 곳곳에 다양한 형태로 유니버설 디자인이 활용되고 있습니다. 장애인을 위한 이러한 사회 전반의 배려가 우리가 사는 도시를 더욱 활기차게 만들겠지요?

★ 함께 생각해요!
  1 장애인 픽토그램은 왜 바뀌었을까요?
  2 우리나라 장애인들은 왜 대중교통을 많이 이용하지 못할까요?

04

....

노동자가 존중받는 도시

　도시의 밤은 어둡지 않습니다. 자정 넘은 시간에도 환하게 불을 밝히고 영업을 하는 편의점을 비롯해 밤에도 일하는 사람이 많죠. '새벽배송'이라며 전날 저녁에 주문한 제품도 다음 날 아침에 바로 배달되는데, 이는 누군가 한밤중에도 수고롭게 일한 덕분입니다. 택배뿐만 아니라 경비, 소방, 의료 등 분야에서 수많은 사람이 밤에도 일합니다. 그래서 서울시에서는 대중교통 운행이 끝나는 심야 시간에 올빼미 버스를 운영합니다. 올빼미 버스는 시민들의 호응 속에서 널리 이용되고 있어요.

　하지만 올빼미 버스가 지금처럼 만원이 될 정도로 한밤중에 일하는 사람이 많다는 것은 문제입니다. 야간에 일하는 것은 건강에

해롭습니다. 신체 리듬이 깨지고 장시간 노동으로 몸에 큰 무리가 됩니다. 실제로 세계보건기구WHO, World Health Organization 국제암연구소에서는 야근을 2군 발암물질로 지정했습니다. 야근이 암을 발생시킬 정도로 치명적으로 나쁘기 때문이에요. 때때로 배송 물류센터나 게임 개발업체 등에서 밤샘 근무를 하다 과로로 목숨을 잃는 산업재해가 일어나고 있는 것이 엄연한 현실입니다.

도시에서 일하는 사람들의 숨은 노고

한밤이 지난 후 다음 날 아침에 거리를 보면 깨끗하게 정리가 잘 되어 있습니다. 늦은 밤과 새벽에 도로를 청소한 환경미화원 덕분이죠. 환경미화원처럼 도시의 보이지 않는 곳곳에서 도시를 쾌적하게 만들고 또 사람들이 살아가는 데 큰 도움을 주는 이들이 많습니다. 그런데 정작 그 일을 하는 사람들이 어떤 노동 환경에서 일하는지, 또 어떤 대우를 받고 있는지는 잘 모릅니다.

환경미화원은 위험한 환경에서 일합니다. 어두운 밤에 도로를 청소하는 과정에서 교통사고 등으로 다치거나 심지어 목숨을 잃는 경우가 종종 있습니다. 늦은 밤과 새벽에 일하는 근무 시간대 때문이죠. 이런 점을 개선하기 위해 여러 지방자치단체에서는 환경미화원의 근무 시간을 점차 낮으로 바꿔 가고 있어요. 야간이나 새벽에 일하는 것은 신체 리듬에도 맞지 않고 어둠으로 인해 사고 위험성이 높기 때문입니다. 세계 여러 나라에서는 이미 환경미화원의 근무 시간을 주간으로 운영하고 있습니다.

이렇게 도시에서 일하는 사람들의 중요성을 일깨워 준 안내판이 있습니다. 바로 베를린시에서 마련한 공사 현장 안내판이에요. 그런데 이 안내판은 땀 흘려 일하는 노동자의 모습을 마치 스포츠 스타나 연예인처럼 대형으로 제작해서 제시했습니다. 길게 이어진 안내판에는 그런 사진들과 함께 '이 건물을 짓는 주인공입니다'라는 문장이 쎄여 있습니다.

사실 많은 경우 건물을 볼 때 외관은 보지만 막상 그 건물을 누가 지었는지는 잘 생각하지 못하죠. 그런데 이런 안내판을 통해 건물을 지은 이들의 숨은 노고를 알 수 있어요. 우리가 사는 도시가 수많은 사람의 노력으로 만들어졌음을 새삼 깨닫게도 되고요.

특히 이 안내판은 건설 현장에서 힘든 일을 도맡아 하는 이주 노동자를 생각해 보자는 뜻도 담겼다고 합니다. 우리나라에서도 힘든 일은 주로 이주노동자들이 많이 하죠. 베를린을 비롯해 런던이나 뉴욕 등 세계적으로 큰 도시에서 건물을 지을 때도 개발도상국의 이주노동자들이 일하는 경우가 많습니다. 베를린에서는 도시에 이주노동자를 비롯해 다양한 사람들이 어울려 살아간다는 사

건물을 짓는 이들의 사진이 담긴 공사 현장의 알림판. ⓒ배성호

실을 되새기기 위해 이와 같은 안내판을 공사 현장에 설치했다고 해요. 서로 존중하면서 함께 살아가는 도시 문화를 만들어 가자는 뜻을 담은 것이지요.

여기서 좀 더 눈여겨볼 점이 있습니다. 담장 뒤편에 현장 노동자들이 이용하는 화장실과 잘 갖춰진 휴식 공간 등이 마련되어 있다는 사실입니다. 그런데 우리나라는 건설 현장은 물론 노동자들이 일하면서 쉴 수 있는 공간이 제대로 마련되지 않은 경우가 많아요. 대표적으로 도시 환경을 쾌적하게 만드는 일을 하는 환경미화원들이 제대로 씻을 공간조차 마련되지 못한 점을 꼽을 수 있습니다. 도시를 깨끗하게 해 주는 노동자들이 청소를 마치고 나서 정작 본인들은 샤워도 하지 못하고 먼지를 뒤집어쓴 채 퇴근해야 하는 상황은 안타깝고도 부끄러운 일입니다. 함께 사는 사람들을 존중하지 않는 인식이 여실히 드러난 지점이죠.

다 같이 행복하기 위한 노동 환경 만들기

우리나라 도시에는 아파트가 많습니다. 그 아파트에서 중요한 일을 하는 분들이 있죠. 바로 경비원입니다. 경비원은 주민들의 택배를 받아 주거나 쓰레기 재활용 처리 돕기, 눈 치우기 등 주민들의 눈에 잘 띄지 않는 많은 일을 합니다. 하지만 최저임금이 인상되면서 무작정 경비원 수를 줄이기 위해 정당하지 않은 방법으로 경비원을 해고하는 아파트들이 생겼습니다. 경비원 대신 CCTV 등을 설치해 매달 나가는 관리비를 줄이려는 것이지요. 당장 비용만 생각하면 경비원을 해고하는 것이 나아 보일 수도 있어요. 그런데

이 과정에서 놓치는 것도 많습니다.

사실 경비원은 주민과 함께 사는 이웃입니다. CCTV는 아이를 향해 달려드는 차를 막지 못하고, 낯선 사람에게 자신의 위험을 감수하고 '무슨 일로 왔느냐'라고 묻지 못합니다. 이런 점들을 거론하며 단순히 비용 절감을 위해 경비원을 해고하는 것에 반대하는 이들도 있습니다. 이들은 아파트의 불필요한 사업을 조절하거나 돈이 많이 들어가는 사업을 축소해서 비용을 절감해 경비원을 해고하지 않고 함께 가는 방식을 제안합니다. 실제로 CCTV를 설치하면 당장에는 비용도 줄고 범죄가 예방될 것 같지만 범죄 예방 측면보다는 증거 확보에 유리한 정도임을 생각해 볼 필요가 있습니다.

새로운 대안을 제시해 기존 경비원들과 함께하는 길을 선택하는 아파트도 점차 많아지고 있습니다. 서울시 성북구에서는 2015년부터 갑과 을로 대표되는 기존의 수직적 계약서 대신 입주민과 경비노동자가 함께 행복하자는 '동행'同幸 계약서를 쓰면서 변화가 생겼습니다. 동행 계약서는 경비노동자의 고용과 최저임금을 보장합니다. 아파트 입주민은 경비원을 존중하고, 부당한 해고의 불안에서 벗어난 경비원들 역시 주민들을 위해 보람차게 일합니다.

성북구와 아파트입주자연합회는 경비원과 환경미화원의 열악한 휴식 공간 개선 사업에도 함께 나섰습니다. 아파트입주자연합

회와 구청이 비용을 나눠 부담해서 휴게실에 에어컨을 설치하고 도배와 장판도 새로 해서 쾌적한 환경에서 쉴 수 있도록 한 것입니다. 성북구가 실시한 이 시도는 널리 퍼져 전국의 여러 도시에서 시행되고 있습니다.

개선되어야 할 필수노동자에 대한 인식과 대우

도시는 경제와 산업, 문화의 중심지로서 우리가 활기찬 생활을 열어 가는 장입니다. 그런데 우리가 놓치고 있는 것이 있어요. 바로 그러한 도시의 환경을 만들기 위해 일하는 사람들이죠. 도시에서 시민의 생명과 안전 그리고 사회의 필수 기능을 유지하기 위해 일하는 사람들을 떠올려 보세요. 환경, 보건·의료, 배송, 운송 등을 도맡은 노동자가 없으면 도시 생활은 지속가능하지 않을 거예요. 그래서 이런 일을 하는 사람들을 필수노동자라고 합니다.

실제로 코로나 팬데믹이라는 전 세계적 위기 상황에서도 우리가 기본 생활을 영위할 수 있었던 것은 필수노동자들 덕분입니다. 버스 기사, 청소노동자, 배달서비스 노동자, 요양보호사, 소방관 등등 묵묵히 자기 자리에서 자신의 일을 감당해 온 이들이 있었기에 도시가 유지될 수 있었습니다. 이들은 평일은 물론 주말이나 공휴

세종시 정부세종청사 고용노동부 앞에서
필수노동자 보호 대책 마련을 촉구하는 기자회견 장면
(2021년 3월 18일).

일, 명절도 가리지 않고 지금 이 순간에도 일하고 있습니다. 이렇게 잘 보이지 않는 곳에서 자신의 일을 해 나가는 이들의 소중한 노동 덕분에 많은 사람이 일상생활을 유지할 수 있는 것이죠.

하지만 정작 필수노동을 하는 이들은 저임금이나 고용불안 등으로 어려움을 겪거나 사회적으로 존중받지 못하는 경우가 많습니다. 코로나19 상황에서 이러한 도시의 민낯이 드러났지요. 위험한 환경에서 사회의 기능을 도왔던 이들이 도시에서 가장 열악한 환경에서 일하고 있다는 것을 확인할 수 있었기 때문이죠.

코로나 팬데믹 초기, 택배 물류 노동자들과 콜센터 직원들이 집단 감염되었습니다. 이들이 일하는 열악한 노동 환경과 연결되어 발생한 일입니다. 많은 사람이 일하는 밀집된 공간에 제대로 된 환기 시설이나 휴식 공간이 없는 환경은 자연스럽게 코로나바이러스감염증-19의 확산을 촉진했습니다. 또 혹사 수준의 노동 강도로 인해 사람들의 면역력이 떨어져서 확진자가 더욱 늘어난 것이죠. 노동자에 대한 사회적 재평가와 지원이 필요한 상황입니다.

공존하는 도시 모델

이와 관련해 주목할 점이 또 하나 있어요. 힘든 일에 종사하는 이주노동자들의 열악한 노동 및 주거 상황이에요. 싱가포르 같은 경우가 대표적입니다. 싱가포르는 자국민에 대한 코로나19 예방 조치는 비교적 잘 시행했는데 이주노동자들이 집단 감염되어 코로나19가 나라 전체로 빠르게 확산되었어요. 싱가포르에서는 남아시아 출신 30여만 명의 저임금 노동자들이 건설 및 유지 보수 작업 일을 합니다. 이들은 대부분 도시 외곽의 기숙사에서 공동으로 살고 있었는데, 비좁고 위생 시설이 좋지 않은 기숙사에서 집단 감염된 것입니다. 싱가포르뿐만 아니라 세계 여러 도시에서 이처럼 이주노동자들이 거주하는 곳에서 집단 감염 사례가 많았습니다. 이는 이주노동자의 주거와 삶터 환경이 좋지 않다는 반증이기도 하죠.

세계화 시대의 도시는 달라져야 합니다. 이제 코로나바이러스 감염증-19 같은 신종 유행병은 얼마든지 재확산될 수 있어요. 신종 감염병이 발생하는 특정 지역만이 아니라 순식간에 전 세계로 확산될 수밖에 없는 상황이고요. 현재와 같은 이주노동자의 삶터나 필수노동자의 일터 환경이 안전하게 바뀌지 않는다면 우리는 또다시 큰 어려움에 처할 거예요. 공존하는 도시 모델이 필요한 것이죠. 나 혼자만 안전한 것이 아니라 도시에 사는 사람들 모두 안전하고 건강할 때 비로소 도시가 안전해지고, 나아가 세계가 안전해질 수 있기 때문입니다.

함께 살아가는 다양한 도시 구성원 중에서 그동안 큰 관심을 기울이지 않았던 사람들을 주목해 보면서 더 나은 도시를 함께 꿈꾸고 이뤄 나가면 좋겠습니다.

★ 함께 생각해요!
1 올빼미 버스 운영을 마냥 환영할 수 없는 까닭은 무엇일까요?
2 환경미화원의 노동 시간을 왜 조정했을까요?
3 도시를 유지하기 위해 꼭 필요한 일에는 어떤 것들이 있을까요?

과거를 기억하는 도시, 역사를 품은 도시

독일의 수도인 베를린에서도 명소로 손꼽히는 브란덴부르크문 부근은 수많은 사람이 즐겨 찾는 역사적 장소입니다. 그런데 이곳 가까이에 있는 베를린 중심 광장에 크기가 각기 다른 2711개의 구조물이 한가득 세워졌습니다. 이 구조물은 무엇일까요?

이곳은 제2차 세계대전 중 독일 나치가 저지른 범죄에 관한 내용과 당시 희생된 유대인을 비롯해 장애인과 억울하게 목숨을 잃은 수많은 사람을 추모하는 공간입니다. 기념 공간 지하에는 대학살의 역사 기록들이 전시되어 있어 홀로코스트 당시 희생된 사람들의 이름이나 자료를 살펴볼 수 있습니다.

숨기고 싶고 부끄러운 역사지만 독일 정부는 다시는 이와 같은 잘못을 되풀이하지 않고 평화와 인권을 존중하겠다는 다짐을 하며 시민들과 함께 뜻을 모아 수도 한복판에 이와 같은 공간을 만들었습니다. 홀로코스트 희생자들과 그들의 가족에게 보상금을 지급했고, 홀로코스트 교육을 의무화하고 반유대주의와 인종차별을 엄격하게 금지하면서 과거를 반성해 나가고 있죠.

또 베를린 도시 곳곳에는 분단의 역사가 고스란히 남아 있어요.

당시 희생된 사람들의 이름과 자료를 찾아볼 수 있는 홀로코스트 추모 공간. ©배성호

분단의 역사를 기억하기 위해 그 일부를 남겨 둔 베를린 장벽. ©배성호

9·11 테러 희생자들의 이름이 새겨진 추모 공간. ©배성호

바로 베를린 장벽입니다. 베를린 장벽은 1961년 동독에서 서독으로
탈출하는 사람들을 막기 위해 만들어졌어요. 베를린 장벽 주변은 군
인들이 무장하고 삼엄하게 감시를 했고요. 이런 감시망을 피해 장벽
을 넘은 사람도 있었지만 장벽을 넘는 과정에서 5천여 명은 체포되
었고 200여 명 가까운 사람들은 목숨을 잃었습니다.

　1989년 독일이 통일되면서 사람들은 이 장벽을 무너뜨렸습니
다. 분단을 끝내고 통일이 된 것을 축하하기 위해서입니다. 하지만 장
벽을 다 없애진 않았어요. 장벽을 남겨 두어 분단되었던 역사를 기억
하고 평화의 소중함을 일깨우기 위해서죠. 이제 베를린 장벽은 평화
의 상징이 되어 세계 여러 나라 사람들이 찾는 명소가 되었습니다.

　뉴욕 도심 한복판에는 특별한 추모 공간이 있습니다. 바로

2001년 9월 11일 테러가 발생했던 옛 세계무역센터가 무너진 현장인 '그라운드 제로'입니다. 이곳 그라운드 제로에 마련된 9·11 추모 공원에는 당시 테러 희생자 3천여 명의 이름이 새겨져 있습니다.

그라운드 제로는 원래 "대형 폭발사고가 발생한 지점"을 가리키는 말이에요. 하지만 이곳은 아무것도 남지 않은 폐허에서 다시 일어설 수 있다는 희망을 품은 '새로운 출발의 자리'로 거듭났죠. 추모 공원 지하에는 박물관이 자리하고 있습니다. 매년 많은 이들이 이곳 공원과 박물관을 방문해 희생자들을 추모하며 평화의 소중함을 되새깁니다.

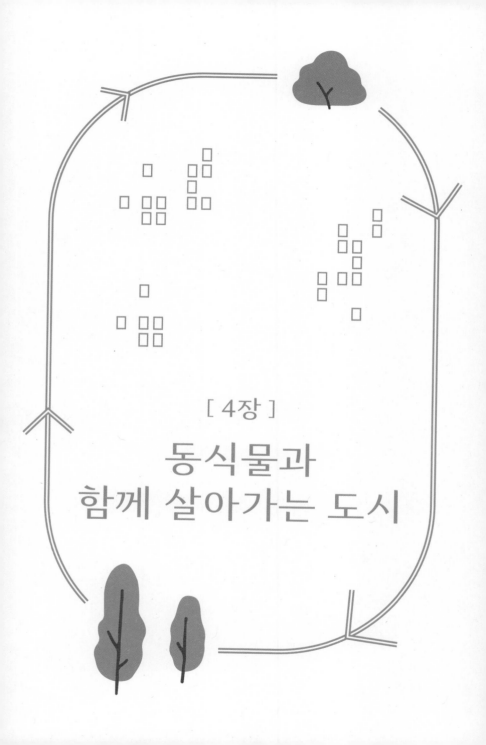

[4장]

동식물과
함께 살아가는 도시

01

환경과 조화를 이루는 생태도시

우리는 대개 도시에 사는 '사람'을 중심으로 도시에 대해 생각합니다. 하지만 도시는 사람뿐만 아니라 동물을 비롯해 식물과 자연이 함께 어우러져 살아가는 곳이죠. 그런데 도시에서 동물들이 차와 부딪쳐 안타깝게 목숨을 잃거나 다치는 일이 점점 더 많아지고 있어요. 또한 도시의 밤을 밝히는 빛으로 인한 생태계 파괴도 심각합니다.

이런 점에서 우리는 생태도시Ecological Polis에 주목할 필요가 있습니다. 생태도시란 사람과 자연, 환경이 조화되어 공생하는 체계를 갖춘 도시를 의미해요. 1992년 브라질 리우회의 이후 전 세계적으로 개발과 환경보전이라는 두 가지 가치를 조화시키기 위해 지속

가능한 개발을 목표로 내세웠어요. 이때부터 생태도시 이야기가

시작된 거죠.

　생태도시란 다양한 생물이 함께 살아갈 수 있는 도시입니다.

그리고 에너지 사용에 있어 자연에 피해를 주지 않는 도시예요. 이

를 위해 수질, 대기, 폐기물 등의 처리가 환경친화적이어야 하고,

무공해 에너지를 사용하고, 자원을 절약하고, 다시 사용할 수 있어

야 합니다. 이것을 지키면서 그곳에서 살아가는 시민들이 쾌적한

환경을 누릴 수 있는 도시가 생태도시입니다.

자동차 대신 자전거와 트램

　생태도시로 어느 곳을 꼽을 수 있을까요? 독일 남서부에 있는

프라이부르크를 살펴볼까요? 이곳은 프랑스와 스위스 국경이 인접한 라인강 유역에 있는 인구 21만 명의 도시입니다. 제2차 세계대전 당시 도시의 80퍼센트가 파괴된 이후 1970년대부터 새로운 도시계획을 수립하며 생태도시로 방향을 정했어요.

프라이부르크는 최대한 재생 에너지를 사용합니다. 재생 에너지란 햇빛·물·지열·강수·생물유기체 등을 포함해 환경에 해를 가하지 않으면서 다시 사용할 수 있는 에너지입니다. 물론 처음에는 친환경적인 방법으로 도시를 유지하기 위해 원자력발전소 건설도 염두에 두었다고 해요. 1970년대 초 프라이부르크 북쪽 근교에 있는 비일Wyhl에 원자력발전소를 건설하려는 계획이었죠. 그때 지역 주민들이 격렬히 반대해 발전소 건설이 지지부진해졌고, 결국 1986년 체르노빌 원전 사태 이후 시의회가 만장일치로 '원전 건설 반대'를 결의하고 탈원전을 선언했습니다. 현재 프라이부르크는 원자력발전소 없이 지역에서 소비하는 에너지의 약 14-15퍼센트를 재생 에너지 중 하나인 태양에너지로 충당하고 있습니다.

생태도시 프라이부르크는 쓰레기를 줄이는 일에도 적극적이에요. 종이, 금속, 플라스틱과 유리를 별도로 수거하고, 쓰레기를 퇴비화할 수 있는 통을 설치해 쓰레기도 최대한 다시 사용할 수 있도록 합니다. 또 에너지를 적게 쓰려고 노력하죠. 업무용 차량 외엔 시내에 차량 진입이 금지되어 있습니다. 프라이부르크에서는

자동차 대신 트램 철로와 자전거가 눈에 들어오는 프라이부르크 시내.

자전거와 트램(노면과 같은 높이의 레일에서 운행하는 도시철도의 한 종류)이 주요 교통수단이에요. 2016년 프라이부르크의 전체 교통 발생량 중 자전거 교통의 비중이 34퍼센트 정도였다고 하니 놀랍죠. 자전거 도로만 160킬로미터가 넘는 프라이부르크에서는 자동차보다 자전거 통행이 더 편리합니다. 이렇게 자전거가 일상 교통수단으로 널리 확산된 프라이부르크의 교통정책은 세계 여러 도시가 닮고 싶어 하는 모범 사례로 꼽힙니다.

그리고 빼놓을 수 없는 건 지역 전체 토지 면적의 42.5퍼센트가 숲으로 조성되어 있다는 사실입니다. 모든 주택과 주택 사이에 녹지를 만들어 아이들의 놀이공간으로 제공합니다. 생각만 해도 쾌적함이 느껴지는 도시죠!

환경과 생명의 의미를 품은 습지

우리나라에서는 전라남도 순천을 생태도시로 꼽습니다. 순천은 순천만국가정원, 순천만습지, 조계산도립공원 등 아름다운 생태 문화유산이 잘 보존된 곳이에요. 순천만을 중심으로 바다와 상사호, 주암호 주변의 호수 권역과 시내를 가로지르는 수변 권역도 특징이고요.

각종 철새와 갯벌의 생명 들이 평화롭게 공존하는 순천만습지.

특히 순천만습지는 2006년 연안 습지로는 국내 최초로 람사르협약에 가입했습니다. 람사르협약은 습지 감소를 억제하고 습지를 보호하고자 하는 국제 협약입니다. 습지는 생태적·경제적으로 중요한 가치를 가졌음에도 불구하고 관개와 매립 및 오염 등으로 20세기 중반까지 지구 곳곳에서 훼손되었거든요. 우리나라는 1997년 7월 28일에 람사르협약에 가입하고 습지 보전을 위해 겨울철 조류 동시 모니터링, 야상조수 치료센터 운영, 생물다양성 관리계약 운영, 생태공원 조성 등을 진행하며 노력하고 있습니다.

순천은 2018년에 유네스코UNESCO, United Nations Educational, Scientific and Cultural Organization (유엔의 교육·문화·과학·사회·정보 전문기구) 생물권보전지역으로 등재되었어요. 생물권보전지역은 생물다양성 보전과 지속가능한 발전 간 조화라는 목표를 달성하기 위해 유네스코가 각국의 대표적인 육상 및 해양 생태계를 지정해 관리하는 것입니다.

생태도시로서 순천의 매력은 경제적 가치로도 이어집니다. 순천만의 S자형 수로는 국내 사진작가들이 뽑은 10대 낙조 중 하나고, 전망대에서 바라보는 일몰과 철새들이 날아오르는 광경은 경관적 가치가 뛰어나죠. 갯벌이 살아 숨 쉬고 갈대가 춤추는 순천만의 생태는 국내를 넘어 세계적 생태 관광지로 진화해 한 해 500만 명 이상이 찾아옵니다. 처음에는 생태 환경을 보존하고 보호하는 취지였지만 장엄하고 아름다운 자연 앞에서 사람들이 더 큰 풍요로움을 누리고 있습니다.

★ 함께 생각해요!

1 도시에서 사람과 자연은 왜 공생해야 할까요?
2 생태도시로서 갖춰야 할 조건은 무엇일까요?

환경오염 도시에서 생태도시로

생태도시가 되기 위한 노력은 세계 곳곳에서 이뤄지고 있습니다. 미국 매사추세츠주의 도시 보스턴은 하버드 대학을 비롯해 MIT 대학 등 유명한 대학들이 있고 산업이 발달하여 빌딩숲을 이루고 있죠. 하지만 도심 곳곳에 공원이 잘 어우러져 있어 아름다운 도시로 손꼽힙니다.

그런데 보스턴은 오랫동안 미국에서 가장 '더러운 도시'라고 지목받았어요. 섬유산업이 발달한 보스턴에는 공장 지대가 많았거든요. 게다가 아이들이 집단으로 백혈병에 걸렸던 일이 있어요. 알고 보니 공장에서 배출한 화학물질로 오염된 물을 마셨기 때문이었죠. 보스턴을 가로지르는 찰스강은 눈부신 경제성장 속에서 죽어 가고 있었고 심지어 아이들의 목숨마저 위협하는 지경에 이르렀던 거예요. 1960년대까지 찰스강은 심각한 오염으로 인해 수영 금지령이 내려져 사람들이 꺼리는 장소였습니다.

죽음의 강에서 생명의 강으로

이런 일들을 겪으면서 보스턴 시민과 지역 정부는 보스턴을 안전하고 건강한 도시로 만들기 위해 뜻을 모아 변화를 만들어 갔습니다. 보스턴을 죽음이 아닌 생명의 도시로 만들기 위해 찰스강관리위원회를 세웠죠. 이곳에서 공장 폐수가 바로 강물로 유입되는 것을 막고, 공장에서 사용하는 화학물질의 안전검사를 실시했어요. 그리고 꾸준히 시민들과 지역 정부가 찰스강의 수질관리를 함께 해 나가면서 찰스강 살리기에 온 힘을 쏟았어요.

그런 오랜 노력이 마침내 결실을 보아 오늘날 찰스강은 시민들이 수영과 요트, 조정을 즐길 수 있는 곳으로 거듭났습니다. 또 강이 살아났다는 것을 널리 알리고자 보스턴의 맥주 회사들은 찰스강 물로 맥주를 만드는 축제도 엽니다.

또 찰스강에는 보스턴을 대표하는 명물 오리배가 있습니다. 보스턴 시민뿐만 아니라 관광객들이 즐겨 타는 이 배는 사실 환경오

보스턴 찰스강의 명물 오리배. ⓒ배성호

염을 감시하기 위해 만든 배였어요. 이 배를 타면 환경오염과 감시의 중요성을 보스턴의 역사와 함께 알려줍니다. 이런 세심한 노력이 오늘날까지 이어져 보스턴은 환경을 되살렸을 뿐만 아니라 안전하고 아름다운 도시가 될 수 있었어요.

미국 오리건주에 속한 도시 포틀랜드 역시 비슷한 맥락에서 오늘날 대표적인 생태도시가 된 곳입니다. 태평양 연안 북서부에 있는 포틀랜드는 1960년대 말부터 1970년대에 걸쳐 자동차산업이 성장하면서 공장을 많이 지었어요. 그 과정에서 포틀랜드 중심부를 흐르는 윌래밋강은 미국에서 가장 오염된 강이 되었고, 1년의 절반은 시내에 스모그 경보가 울렸습니다. 스모그^{smog}란 연기를 뜻하는 스모크^{smoke}와 안개를 뜻하는 포그^{fog}가 결합된 말로, 공기가 오염되어 안개가 낀 것처럼 뿌옇게 흐려져 있는 현상을 말해요. 스모그는 눈병과 호흡기 질환을 일으키죠.

환경오염이 갈수록 심해져 가자 시민들은 더 이상 이를 방치하지 않고 바꿔 나가기로 결심합니다. 쓰레기 처리와 재활용, 생태계 보호 등을 전체적으로 고려한 친환경 정책을 세워 나갔어요. 먼저 탄소 배출을 감축하기 위해 공공 교통을 개선하고 건물의 에너지효율성을 향상시키기 위해 노력했습니다. 재생 가능한 에너지를 활용하고자 다양한 방법을 모색했어요. 자전거 전용 차로를 마련하고, 자전거 공유 시스템을 운영하면서 자전거 문화를 활성화하는 프로그램을 추진했지요. 그 결과 지금은 장미의 정원이 많아서 '장미의 도시'라는 별명을 가졌을 정도로 산업과 자연이 조화를 이룬 아름다운 도시가 되었습니다.

땅 위의 지하철, 굴절 버스

브라질 파라나주의 도시 쿠리치바를 살펴볼게요. 브라질 남부에 있는 쿠리치바는 급속한 공업화와 인구 증가로 환경오염이 매우 심각한 도시였어요. 하지만 오늘날에는 '세계 최고의 생태도시'로 손꼽힙니다. 건축가 출신의 브라질 최초의 관선 시장 자이메 레르네르Jaime Lerner가 이끈 시 정부와 함께 뜻을 모은 시민들이 변화를 이룬 결과입니다.

이 변화는 혼자 타는 승용차 대신 많은 사람이 함께 타는 대중교통 시스템을 바꾸면서 시작되었어요. 쿠리치바에서는 '땅 위의 지하철'이라 불리는 특별한 버스를 운행합니다. 두 대의 버스를 이어 붙인 모양의 굴절 버스예요. 이 버스를 쉽게 갈아탈 수 있는 환승 시스템과 빠른 배차 간격 덕분에 많은 사람이 이용합니다. 특히 버스가 승용차보다 우선으로 다닐 수 있는 버스중앙차로제 등을 도입하며 쿠리치바는 같은 규모의 다른 도시보다 자가용 승용차의 교통량을 30퍼센트 이상 줄이는 데 성공했어요.

이렇게 쿠리치바는 승용차 사용을 줄이고 대중교통을 이용해 대기 오염을 줄였고, 공공 정책을 강화해 교통 문제와 환경 문제를 해결할 수 있었습니다. 쿠리치바의 버스중앙차로제는 우리나라를 비롯해 세계 여러 나라에서 도입해 대중교통 시스템과 환경에 큰 도움을 주었고요.

또 쿠리치바는 재활용 시스템을 환경친화적으로 운영하면서 생태도시로 명성을 얻었어요. '녹색교환제도'라고 이름 붙여진 이

독특한 외양을 자랑하는 쿠리치바의 굴절 버스.

정책은 재활용할 수 있는 쓰레기를 모아 가면 시청에서 버스 토큰
이나 음식 쿠폰으로 바꿔 주는 제도예요. 그야말로 쓰레기 재활용
만 잘하면 음식비와 버스비를 얻을 수 있는 간단하고 실용적인 제
도죠. 이런 제도를 통해 시민들은 쓰레기 재활용을 더욱 적극적으
로 실행하게 되었고 그에 따라 배출되는 쓰레기량은 절반 이상 줄
었다고 합니다.

　그리고 도시 면적 대비 공원 면적이 매우 높아 쾌적한 도시 환
경을 갖추고 있습니다. 1971년에는 주민 1인당 불과 0.5제곱미터

의 녹지를 가졌던 황폐한 도시 쿠리치바가 오늘날에는 1인당 52제곱미터의 녹지를 보유한 친환경 도시로 거듭났습니다. 녹지 비율이 열 배가 커진 것이죠. 이는 유엔과 세계보건기구가 권고한 수치의 네 배 이상 되는 엄청난 면적이에요. 여러 가지 노력이 곁들여진 결과지만 무엇보다 건물을 지을 때 도로에서 5미터의 공간을 확보해 나무를 심도록 하는 등 적극적으로 공원을 조성하기 위해 노력한 성과라고 할 수 있습니다.

또 쿠리치바에는 세계에서 가장 규모가 크고 장엄한 이구아수 폭포를 아르헨티나의 이구아수국립공원과 공유한 이구아수공원이 있고, 세계 전역의 열대 식물이 가득한 쿠리치바식물원, 그리고 '꽃의 거리'라 불리는 보행자전용도로가 있습니다. 1킬로미터에 달하는 '꽃의 거리'는 각종 공연과 행사가 열려서 시민들의 소통 공간이 되고, 세계의 사람들이 찾는 관광명소이기도 합니다.

★ 함께 생각해요!
   1 보스턴에서 아이들이 백혈병에 걸린 까닭은 무엇일까요?
   2 도시의 환경오염이 사람들에게 끼치는 피해에 관해 이야기해 봅시다.

03

....

도시의 빛공해.

언젠가부터 도시에서 별을 보기가 어려워졌습니다. 사실 별이 사라진 것이 아니라 도시의 밝은 빛, 즉 '빛공해' 때문입니다. 휘황찬란한 네온사인을 비롯한 각종 인공조명으로 도시의 밤은 낮처럼 환합니다.

이로 인해 사람뿐만 아니라 동식물도 건강을 해치며 생태계가 교란되고 있어요. 그리고 '빛공해'라는 말이 생겨났죠. 낮과 밤의 변화는 자연스러운 것인데, 인공조명으로 인해 빛이 많아져서 사람과 동식물의 생체 리듬이 깨지고 많은 문제가 생기고 있습니다.

밤이 없는 도시

낮처럼 환해진 밤의 도시에서 사람들은 이전과 달리 잠들지 않고 일을 하거나 여가를 보내는 경우가 많아졌습니다. 특히 최근 몇 년 사이 온라인 상거래가 급속도로 많아지고 또 코로나19 상황에서 이른바 '새벽배송' 등이 활성화되면서 더욱 많은 사람이 야간노동에 내몰리고 있는 현실이죠.

그런데 우리의 생체 리듬에 관여하는 호르몬은 어두운 환경에서 만들어지고 빛에 노출되면 합성이 중단됩니다. 그러니 늦은 시간까지 잠을 자지 않으면 호르몬이 비정상적으로 바뀌어 건강이 나빠지겠죠. 특히 최근에는 잠들기 바로 전까지 스마트폰 등을 들여다보는 이들이 많아지면서 눈을 비롯해 각종 건강 문제가 발생하고 있습니다. 잠을 제대로 자지 못하면 면역력이 약해지고, 어린이나 청소년의 경우는 성장에도 방해를 받겠죠. 야간에 인공조명에 오랫동안 노출되면 항산화물질 생산이 감소해 유방암 등의 발생률 또한 높아질 위험이 있다는 연구결과들도 나왔습니다.

이런 문제는 사람뿐만 아니라 생태계에도 악영향을 주고 있어요. 밤을 환하게 밝히는 데 과도한 에너지가 소모됨은 물론이고 한밤중에도 꺼지지 않는 빛으로 인해 농작물의 개화 시기가 빨라지고 있거든요. 별빛을 보고 이동하는 철새들이 건물이나 도시의 불

어둠이 사라진 도시의 밤.

빛으로 인해 경로를 이탈하거나 심지어 건물에 부딪혀 목숨을 잃
는 경우도 종종 생기고요. 야행성 동물은 먹이 사냥은 물론 짝짓기
를 못하는 등 생태계 교란 현상도 발생하고 있지요.

환하게 불 밝힌 도시의 밤에서 사람과 동식물 생태계는 큰 위
험에 처한 상태입니다. 도시의 환한 밤을 위해 전기를 생산하는 수
많은 화력발전소와 원자력발전소로 인해 지구 환경은 더욱 나빠
지고 있고요. 탄소 배출량이 늘어나면서 기후변화가 가속화되고

있거든요. 한밤중에도 환한 거리를 다닐 수 있다는 편리함이 지구를 위험에 빠뜨릴 수 있다는 점을 되새겨볼 필요가 있습니다.

지구촌 불 끄기 행사

세계자연보호기금WWF, World Wide Fund for Nature에서는 2007년 호주 시드니에서 특별한 캠페인을 시작했어요. 바로 어스아워earth hour, 지구촌 불 끄기 행사입니다. 지구를 뜻하는 '어스'와 시간을 의미하는 '아워'가 합쳐진 어스아워는 세계 최대의 환경보전 캠페인으로, 해마다 전 세계 200여 나라 수많은 도시의 시민과 정부 및 기업이 참여해 환경 보전을 향한 연대와 의지를 나눕니다. 이 행사는 단순히 전기를 아끼자는 것이 아니에요. 폭염, 집중호우, 산불, 한파 등 기후변화로 인한 이상기후 현상에 직면한 지구와 인류를 위해 우리가 한목소리를 높여 보자는 취지죠.

또 이를 계기로 일상에서 기후변화를 막는 작은 실천을 해 보자는 의미이기도 해요. 하나뿐인 지구를 위해 생활 습관의 변화를 주도하는 것이에요. '어스아워'를 주관하는 곳에서 제시한 '지속가능한 라이프 스타일'은 다음과 같아요.

'어스아워'는 환경보전을 향한 연대와 의지를 나누는 전 지구적 캠페인입니다.

- 실내 적정 온도 유지하기

- 육류 소비를 줄이고 채식 위주의 식사 늘리기

- 가능한 대중교통을 이용하거나 걷거나 자전거 타기

- 낭비를 줄이고 재사용·재활용하기

- 매년 어스아워에 참여하기

- 주변에 지속가능한 라이프 스타일 실천 방법 알리기

도시는 사람만이 아니라 동물과 식물이 다 같이 살아가는 모두의 삶터입니다. 더불어 함께 살아가는 일상 공간인 도시 생태계가 지속가능할 수 있는 방안을 우리 모두 계속 궁리하고 실천해 나가야겠죠?

★ 함께 생각해요!
1 낮처럼 환해진 도시의 밤을 마냥 환영할 수 없는 까닭은 무엇일까요?
2 지구촌 불 끄기 행사를 왜 시작하게 되었을까요?

０４

··················

도시농업

　도시를 보다 친환경적으로 바꿔 나가는 방법으로 도시농업을
이야기합니다. 도시농업은 옥상이나 베란다, 골목길 등 도시의 자
투리 공간을 활용한 농업 활동이에요. 학생들의 학습과 체험을 목
적으로 학교의 토지나 건축물 등을 활용하기도 하고요. 여가 또는
체험으로서의 목적이 강해서 생계와 판매를 목적으로 하는 농촌
의 농업과는 구별됩니다.

　또한 여러 가지 긍정적인 효과가 있습니다. 도시농업을 통해
생산되는 작물은 도시 내에서 바로 소비되므로 신선하고 운송 비
용도 절감할 수 있어요. 도시농업 농부들은 지역 농작물(로컬푸드)
을 생산해 판매하여 수익을 창출하고 그 농작물을 이용해 제품을

만들어 판매할 수도 있습니다. 그 과정에서 소소하게 일자리도 창출하고 지역경제 발전에도 기여하죠. 무엇보다 도시농업은 지역사회와의 상호작용을 촉진하고 사회적 결속력을 강화하는 데 도움이 됩니다. 도시민들은 도시농업 활동을 통해 농업에 대한 이해를 높이고 지속가능한 발전에 대한 인식을 증진할 수 있어요. 그리고 농작물을 직접 기른 경험이 있는 도시인은 그렇지 않은 사람보다 우리 농산물을 더 많이 소비합니다.

또 도시농업은 도시빈민이나 노숙자, 장애인 등 소외계층을 위한 사회 복지제도로서 기능할 수 있습니다. 이들이 도시농업을 통해 사회활동에 참여함으로써 자립의지와 자신감을 높일 수 있기 때문이죠.

사람과 환경을 살리는 도시농업

도시농업은 무엇보다 환경적 가치가 높습니다. 도심의 건물 벽면이나 옥상에 농사를 지음으로써 건물의 냉난방비를 절감할 수 있거든요. 그리고 녹지 비율이 높아짐에 따라 도시의 열섬현상이 줄어듭니다. 옥상과 건물 벽면에 식재한 식물들은 산소와 수분 배출 등으로 도시의 공기를 정화하는 기능을 하고요.

열섬현상

도시의 기온이 주변의 다른 곳보다 높게 나타나는 현상. 보통 교외 지역보다 섭씨 5도에서 10도 높게 나타난다. 온도 차이는 낮보다 밤, 여름보다 겨울에 더 크고, 바람이 약할 때 가장 두드러진다. 주원인은 도시화로 인한 지표면 개발이며, 에너지 사용으로 발생한 열이 두 번째 원인이다. 토양이 도시 건물에 덮여서 수분 증발이 줄어들고 증발열의 손실이 상대적으로 적어지며, 화석연료 사용에 의한 온실효과에서 기인한다.

이처럼 도시농업은 도시 경관을 아름답게 할 뿐 아니라 도시화로 훼손된 자연 생태계를 복원합니다. 한 연구에 따르면 건물 옥상에 식물을 재배하면 냉난방비를 16.6퍼센트 절감할 수 있고, 옥상 100제곱미터(약 30평)를 녹화하면 매해 2킬로그램의 오염물질을 줄이고 온실가스 22.75킬로그램을 저감할 뿐 아니라 성인 두 명이 호흡하는 데 필요한 산소를 만들어 내는 효과가 생긴다고 합니다.◆ 옥상의 작은 식물 재배지 하나가 여러 가지 일을 하죠?

확산되어 가는 전 세계 도시농업

도시농업은 일본, 영국, 독일, 러시아, 쿠바, 캐나다 등에서도 활

◆ 한국농촌경제연구원, "도시농업의 다원적 기능과 활성화 방안 연구", 2012년 9월.

서울 중랑천변에 있는 동대문구 도시농업체험학습장.

발하게 이뤄지고 있어요. 대표 사례로 쿠바를 살펴볼게요. 사회주의 국가들이 몰락하면서 1992년 미국은 "쿠바민주화법"을 제정해 쿠바에 대한 경제 봉쇄를 더욱 강화했습니다. 이로 인해 쿠바 경제는 침체에 빠졌고 생계에 위협을 받은 시민들이 도심 내 빈터에 작물을 심기 시작했지요. 이를 정부 차원에서 효과적으로 지원하면서 쿠바의 도시농업이 발달하기 시작했습니다.

시민들은 벽돌이나 돌, 판자 등의 자재로 틀을 만들고 그곳에 퇴비를 혼합한 흙을 투입해 농사를 지었어요. 처음에는 화학비료나 농약이 부족해 어쩔 수 없이 전통적인 퇴비를 사용하고 지렁이와 미생물의 힘으로 흙의 생명력을 살리는 유기순환농법을 선택

100명의 자원봉사자가 이루어 낸 도심 농장 프린쩨씨넨 가르텐.

했다고 해요. 그래서 해충을 막기 위해 농장 주변에 해충이 싫어하는 식물인 해바라기나 옥수수 등을 같이 재배하기도 했고요.

이렇게 시작된 쿠바의 도시농업과 유기농업은 낮은 비용으로 사람들의 건강을 살리는 먹거리를 재배하면서 생태환경도 지키는 역할을 하고 있습니다. 쿠바에서 현재 도시농업에 참여하는 사람은 40만 명 이상이라고 합니다.

또 다른 사례로 독일 베를린 도심의 농장을 소개할게요. 베를린의 프린쩨씨넨 가르텐Prinzessinnen Garten은 '공주의 정원'이란 뜻인데, 50년 넘게 유휴지였던 것을 2009년 100명의 자원봉사자가 농장으로 바꾸었어요. 베를린시 한가운데 울창한 숲과 목조 건축물로 이루어진 프린쩨씨넨 가르텐에서는 식물과 꽃, 채소 등 여러 모종을 판매하고 양봉 프로그램도 진행합니다. 이곳에서 작물을 키우는 쌀자루와 플라스틱 박스 등은 모두 버려진 물건을 재활용한 것이라고 해요.

우리나라도 도시농업 참여자가 2010년 15만 명에서 2019년 241만 명으로 열두 배 증가했어요. 텃밭 면적도 같은 기간에 104헥타르에서 1060헥타르로 열 배가량 늘었고요. 집 베란다에서 채소를 재배하는 것 등 통계에 잡히지 않는 도시농업 참여자까지 포함하면 그 수는 더 많을 것이라고 생각해요. 도시농업이 점점 더 활성화되면서 보다 많은 사람이 농업의 중요성을 깨닫고 도시의 생태환경도 되살아나면 좋겠지요? 여러분도 베란다의 작은 텃밭부터 시작해 보세요!

★ 함께 생각해요!

　1 도시농업이 자연환경에 미치는 영향은 무엇일까요?

　2 도시농업을 한다면 어떤 작물을 기르고 싶은가요?

영화 속 도시 풍경

　영화에는 다양한 도시들이 나옵니다. 영화 〈먹고 기도하고 사랑하라〉(2010)는 세 개의 나라를 여행하며 진정한 자신을 찾아가는 내용이에요. 미국 뉴욕 맨해튼에서 안정적인 직장을 갖고 있던 서른한 살의 저널리스트 리즈는 진짜 자신을 되찾고 싶어 과감하게 1년간 여행을 떠납니다. 제목 그대로 이탈리아 로마에서는 신나게 먹고, 인도의 외딴 마을에서는 뜨겁게 기도하고, 인도네시아 발리에서는 자유롭게 사랑합니다. 이중 로마는 이탈리아 수도로 잘 보존된 수많은 역사 유적과 함께 먹을거리와 즐길거리가 많은 세계의 대표적 관광지죠. 주인공은 다이어트 걱정에서 해방되어 "내일 한 사이즈 더 큰 바지를 사면 돼" 하며 맛있는 피자를 먹으며 행복해합니다.

　〈미드나잇 인 파리〉(2011)는 파리를 배경으로 한 로맨틱 코미디 영화입니다. 할리우드의 각본가인 길은 소설가로 전향하려고 하고 약혼녀인 이네즈는 이 계획에 부정적입니다. 둘은 파리로 여행을 오는데 제목처럼 한밤중에 마법처럼 파리 골목길에서 1920년대로 가게 되죠. 이 시대는 길이 동경했던 시대였어요. 길은 당시에 살았던 에드가 드가, 폴 고갱, 헤밍웨이 등을 만나 그들과 예술을 논하며 자

네 개의 케이블에 의해 지지되는 브루클린다리는 넓은 보행로가 특징입니다.

신감을 얻습니다. 그러고 보니 앞서 〈먹고 기도하고 사랑하라〉처럼 미국인이 유럽에 와서 진정한 자신을 찾게 된다는 내용이기도 하네요. 미국에서는 파리와 로마가 낭만과 자유, 예술의 도시로 연상되나 봅니다.

　　이번엔 미국의 대도시를 배경으로 한 영화를 살펴볼까요? 바로 여러 편이 제작된 〈스파이더맨〉입니다. 평범한 학생이었던 피터 파커는 유전자가 조작된 거미에게 물려 초인적 능력을 갖게 되죠. 그리고 시민들의 안전을 위해 악당들과 싸우는 히어로가 됩니다. 스파이

더맨이 활약하는 곳은 미국의 대도시 뉴욕이에요. 스파이더맨은 뉴욕 심장부인 맨해튼 빌딩숲을 이리저리 날아다니고 뉴욕의 명소 브루클린다리에서 악당과 싸웁니다. 영화 속에서 브루클린다리의 철근 사이를 거미줄로 엮어 연인에게 'I LOVE YOU'라는 메시지를 남기며 사랑 고백도 하죠.

우리나라의 수도 서울을 배경으로 한 영화로 〈멋진 하루〉(2008)가 있어요. 희수는 1년 전에 헤어진 애인 병운을 만나 빌려준 돈을 달라고 합니다. 당장 줄 돈이 없었던 병운은 희수와 함께 돈을 꾸러 다닙니다. 이들은 하루 동안 서울 용산에서 시작해 역삼동의 빌딩을 거쳐 잠수교를 지나 이태원과 종로 뒷골목을 다니죠. 마냥 화려하지도 삭막하지도 않은 도시 서울에서 다양한 모습으로 살아가는 사람들을 잔잔하고 따뜻한 시선으로 보여 줍니다.

여러분이 좋아하는 영화에는 어떤 도시들이 나오나요? 그 도시의 느낌은 어떻게 다가오나요?

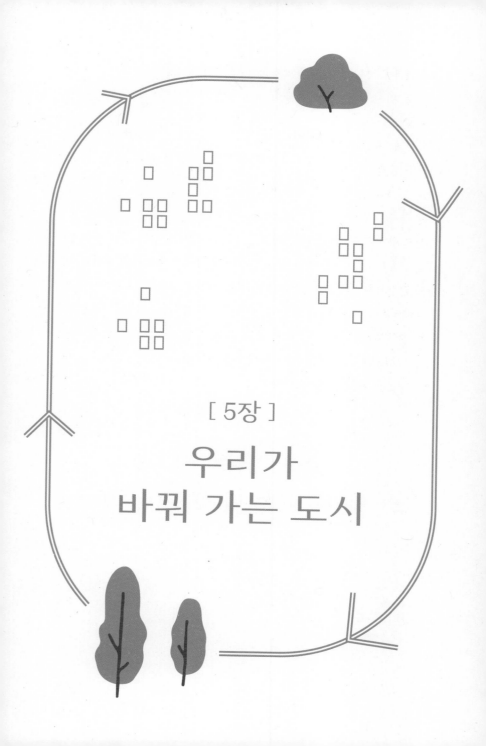

[5장]

우리가
바꿔 가는 도시

01

시민이 함께 만들어 가는 도시

여러분이 생각하는 살기 좋은 도시는 어떤 곳인가요? 에펠탑이나 자유의여신상처럼 도시를 대표하는 멋진 상징물이 있는 곳인가요? 공원 등이 잘 갖춰진 자연환경이 좋은 곳인가요? 아니면, 높은 빌딩과 교통이 발달한 곳인가요? 도시는 그 특징에 따라 문화도시, 생태도시, 교통도시 등으로 분류할 수 있습니다.

사실 예전에는 도시 개발이 중심이었어요. 자연 그대로의 상태보다는 새로운 길을 만들고 높다란 건물을 세우는 것이 발전된 모습이라고 생각했거든요. 하지만 지금은 과거처럼 무조건적인 개발을 목표로 하지 않아요. 도시화를 통해 생긴 여러 문제와 마주하면서 새로운 대안을 모색하게 되었거든요. 사람들이 도시로 몰려들면서 생기는 교통·환경·주택 문제들과 맞닥뜨리는 가운데 살기 좋은 도시는 어떤 곳인가에 대한 생각이 달라졌기 때문이죠.

달라진 도서관, 달라진 도시

도시를 만들어 가는 주체는 바로 그 지역에 사는 시민입니다. 최근 여러 방식의 시민 참여가 주목받고 있습니다.

미국 시애틀에서는 시민들이 시민투표를 통해 '모두를 위한 도서관'을 운영하고 있습니다. 어린이, 노인, 이민자, 소수인종, 실업자, 저소득층, 정보소외계층, 노숙인 들이 그들이 처한 환경에서 제대로 문화생활을 누리지 못하고 사회적으로 존중받지 못하는 것을 개선하고 동등한 시민으로서 함께 살아가기 위한 프로그램입니다.

시민들의 제안으로 시작된 이 프로그램 덕분에 시애틀에서는 차별과 편견으로 인해 존중받지 못했던 이들이 특히 교육과 문화 면에서 시민으로서 누려야 할 기본 권리를 보장받고 있습니다. 시애틀 중앙도서관은 세계에서 가장 인간적인 도서관으로 선정되기도 했어요. 지역의 공공 도서관이 시민의 인권을 지키며 더불어 살아가는 삶터의 기반을 마련해 주었기 때문이죠.

지역 주민이 즐겨 찾는 장소이자 관광객도 쉬어 가는 명소로 거듭난
뉴욕공립도서관. ⓒ배성호

뉴욕공립도서관 전경. ©배성호

　뉴욕 맨해튼에 있는 뉴욕공립도서관도 마찬가지입니다. 사실 뉴욕공립도서관 주변 공원은 마약 거래를 비롯해 각종 범죄가 수시로 발생하는 위험한 지역이었어요. 뉴욕공립도서관은 이런 상황을 바꾸기 위해 공원에서 누구든 편히 책을 읽을 수 있게 '열린 도서관'을 마련했고, 자원봉사자들은 도서관 곳곳에서 안내를 하고 도서관 운영에도 참여해 여러 강좌를 운영했습니다. 뉴욕에 온 이민자들을 대상으로 '영어교실'을 열고, 청력이 좋지 않은 노인들에게 책을 읽어 주기도 합니다. 어린이나 청소년에게 도서관 이용법을 알려 주는 책자를 만들어 비치해 두고, 이런 활동을 위한 기부도 많이 하죠. 시민이 함께 만들어 가는 도서관입니다.

덕분에 뉴욕공립도서관은 지역 주민이 즐겨 찾는 명소가 되었고 관광객들도 쉬어 가는 멋진 장소로 알려졌어요. 웅장한 계단 옆에 두 마리의 대리석 사자가 있는 건물의 정취는 많은 사람에게 친숙해졌고 위험한 곳이었던 도서관 주변은 이제 평화로운 쉼터로 자리매김했습니다.

우리나라도 시민들이 직접 도서관을 만들어 동네와 지역을 바꿔 나간 사례가 있습니다. 바로 서울시 은평구에 있는 '구산동도서관마을'이죠. 이 도서관은 주민들이 직접 사업 기획부터 예산 확보와 시설 운영까지 전 단계에 참여했어요. 2006년에 주민들이 옛 구산동주민센터를 도서관으로 만들어 달라는 서명운동을 처음 시작했는데 며칠 만에 2천 명이 넘는 주민이 참여하면서 활기를 띠었지요. 노숙인 요양시설과 장애인학교 등의 시설은 있었던 데 비해 도서관이나 미술관 등 문화시설은 부족했기 때문에 주민들이 적극적으로 나선 거였어요.

처음에는 건설비 등이 부족해 제대로 진척되지 않다가 2012년 서울시 주민참여예산사업에 선정되어 '구산동도서관마을'은 마침내 설립될 수 있었어요. 도서관은 2015년 11월 13일에 개관되어 현재 활발하게 운영되고 있습니다. 주민들의 사랑을 받는 문화 공간이 된 거죠. 시민들의 적극적인 제안과 참여로 살기 좋은 마을을 만든 좋은 사례입니다.

삶터에 만드는 '한평공원'

시민들은 자신의 삶터에 공원도 만들고 있어요. 바로 '한평공원'이에요. 여기에서 '한 평'은 우리가 사용하는 넓이 단위가 아니라 동네에서 버려졌거나 잘 쓰이지 않는 공간을 뜻해요. 바로 이런 곳을 주민들이 직접 참여해 살아 있는 공간으로 만들었습니다.

'한평공원'은 걷고싶은도시만들기시민연대가 기획해서 주민과 공공 기관이 함께 지역의 버려진 공간을 되살리면서 마을 공동체

걷고싶은도시만들기시민연대(도시연대)

도시에 다양한 사람들이 함께 오래 살아갈 수 있는 인간 환경을 회복함으로써 삶의 질을 개선하고 도시 문화와 역사를 보존·창조해 나가는 것이 활동 목표인 시민단체. 보행권 확보 운동, 마을만들기 운동, 생활문화 운동이 주된 활동이다. 도시를 지배하는 비인간적·반환경적 경제 논리를 극복하고, 시민들이 자신의 몸 가까운 곳부터 살피고 돌보는 생활 속의 실천을 토대로 작지만 강력한 시민운동, 지역사회에 밀착한 현장 운동을 추구한다. (홈페이지 http://www.dosi.or.kr/intropage/에서 발췌하여 소개함.)

창동노인복지센터에 만들어진 한평공원. ©도시연대

를 만들어 가는 주민 운동입니다. 일련의 과정을 통해 그동안 공공
공간에서 배제된 주민들이 자신의 기본 권리를 찾아 나가도록 한
것이죠. 자신의 삶터이기에 애정이 더 깊고, 그래서 그곳에 사는
사람들이 직접 참여하면 방치된 공간이 살아 있는 공간으로 더 쉽
게 거듭나고 활용 또한 더 잘할 수 있게 됩니다.

　대표적인 곳으로 서울시 종로구 원서동의 '빨래골 쉼터'가 있
습니다. 방범초소로 사용되다 버려진 작은 공간을 공원으로 만든
곳이죠. 주민들은 처음엔 조심스럽게 지켜보다가 한평공원으로 바
꿔자 이곳에 꽃을 심고 화분을 가져다 놓는 등 잘 이용하며 관리

하고 있습니다.

이런 시도는 널리 퍼져서 가회동의 노틀담어린이집과 금호동·옥수동·인사동·미아동·수색 등 마흔다섯 곳에 한평공원이 만들어졌고, 수도권으로도 확대되고 있습니다. 동네에 흔히 있는 버려진 공간을 주민들이 직접 살아 숨 쉬는 공간으로 만드는 과정을 통해 지역 주민들은 삶터 공간의 주인으로 자리 잡게 됩니다. 한평공원 만들기가 더욱 널리 알려져서 주민들은 삶의 활력을 얻고 도시는 더 살기 좋은 곳으로 변화하면 좋겠습니다.

★ 함께 생각해요!

  1 시애틀 중앙도서관이 세계에서 가장 인간적인 도서관으로 선정된 이유는 무엇일까요?
  2 한평공원은 지역 주민에게 어떤 영향을 줄 수 있을까요?
  3 살고 싶은 도시를 만들기 위해 여러분이 제안하고 싶은 내용은 무엇인가요?

02

정이 넘치는 공동체, 도시마을

　여러분은 '마을'이라는 말을 들으면 어떤 생각이 드나요? 마을은 사람들이 모여 사는 곳으로, 도시보다는 작고 촌락보다는 큰 거주지역을 가리키는 말입니다. 주로 농촌 등 시골 지역에 붙이곤 하죠. 그래서 '도시마을'이라고 하면 어색하게 느껴질 수도 있어요.

　도시에서는 옆집에 누가 사는지 잘 알기 힘든 경우가 많습니다. 집이 오로지 잠만 자는 곳이 되기도 하고요. 농촌의 마을과 같은 관계성은 없는 것이죠. 하지만 도시에서도 기존의 마을처럼 서로가 서로를 알아가며 관계를 맺고 함께 지역의 일을 해결해 나갈 수 있다는 점에서 '도시마을'이라는 말을 사용하기 시작했습니다. 공동체성을 더 강조하는 의미에서 '마을 공동체'라고도 하죠. 도시에서도 마을에 살고 있는 주민 스스로가 끈끈한 관계를 맺고, 생활 환경 등 다양한 문제를 함께 해결하면서 주민 공동체를 회복하자는 움직임이에요.

한 아이를 키우기 위해 온 마을이 필요하다

인도의 독립운동가 마하트마 간디는 일찍이 "마을이 세계를 구한다"라고 했어요. 영국에서 독립할 당시 인도 전역에는 약 70만 개의 마을이 있었어요. 간디는 이들 마을이 각기 자급자족하며 느슨하게 연결되어 서로 협력하는 세상을 꿈꾸었습니다. 마을 하나하나가 독립적인 '마을공화국'이 되는 것이죠. 간디는 작은 마을이야말로 진정한 민주주의를 바탕으로 지속가능한 성장을 이룰 수 있다고 보았습니다.

이러한 도시 마을 공동체로 '성미산마을'을 들 수 있어요. 이 마을은 서울시 마포구 성산1동, 성산2동, 망원동, 연남동에 걸쳐 있습니다. 해발 66미터의 작고 낮은, 그러나 마포구 유일의 자연산인 성미산을 중심으로 연결된 크고 작은 70여 개의 공동체가 모여 있는 곳이죠. 이곳에서는 주민들이 모여서 학교를 만들고, 마을극장을 운영하며, 카페와 식당 등도 공동체 방식으로 운영해요.

공동육아 어린이집과 책방, 마을극장, 카페 등이 자리한 성미산마을 지도. ©사람과마을

첫 시작은 아이들을 함께 키우기 위해서였어요. 아프리카 속담에 "한 아이를 키우기 위해 온 마을이 필요하다"라는 말이 있지요. 과거 대가족에서는 부모뿐만 아니라 할머니, 할아버지, 삼촌, 이모 등 여러 가족이 아이를 함께 키우며 놀아 주고 삶의 지혜를 전수했습니다. 하지만 핵가족 시대에는 이런 교육과 돌봄이 모두 부모의 책임이 되었죠. 그 빈틈을 마을 주민들이 함께 나누자는 취지로 '공동육아'가 1994년에 이곳 성미산마을에서 시작되었어요.

그 이후 마을 공동체가 더욱 단단해진 계기는 성미산이었습니다. 서울시는 2001년 성미산에 배수지를 개발해 짓겠다고 발표했어요. 마을 주민들에게는 성미산이 단순한 산이 아닌 주민들의 휴식처이자 아이들의 놀이터인 소중한 공간이었기에 주민들은 단단히 뭉쳐서 성미산을 지키기 위해 노력했지요. 이 과정에서 마을 사람들은 공동체의 필요성을 더욱 느꼈고, 그 이후 마을 일에 필요한 일들을 공동체 방식으로 더 열심히 해 나갔습니다.

누군가 '마법의 돌'이 되어

도시의 마을 공동체가 만들어지는 원리는 '돌멩이 수프 우화'와도 같습니다. 배고픈 여행객이 한 마을에 들러 먹을 것을 구했는데 인심이 야박해 아무도 먹을 것을 주지 않았어요. 그러자 여행객은 자신에게 마법의 돌이 있다고 하면서 큰 냄비를 빌려주면 마법의 돌을 이용해 맛있는 수프를 만들어 주겠다고 합니다. 그렇게 해서 구한 큰 냄비에 한참 돌만 끓이다가 '당근이나 양파가 있으면 더 맛있을 텐데' 하고 혼잣말을 합니다. 결국 마을 사람들은 각기 집에 있는 재료를 가져오게 되고, 맛있는 수프가 완성되죠. '마법의 돌'이 사람들의 마음을 열고 자원을 모으는 하나의 계기가 된 거예요.

도시인들도 마찬가지입니다. 누군가 처음에 계기를 만들기가 어렵지 혼자 해결할 수 없는 마을의 문제를 위해 저마다 재료를 가져올 준비는 되어 있어요. 그런 상황에서 누군가 용기를 내어 작은 목소리로 얘기해 봅니다. 그러면 그 목소리에 다른 누군가가 응답하며 조금씩 힘이 붙죠. 작은 목소리들이 '마법의 돌'이 되어 삭막한 도시를 좀 더 풍요로운 공동체로 만들어 가는 것이죠.

★ 함께 생각해요!
 1 '도시마을'이라고 했을 때 어떤 느낌이 드나요?
 2 도시에서 마을 주민들이 함께 모여 해결할 수 있는 문제에는 무엇이 있을까요?

03

주민들이 되살린 도시

　부산광역시 사하구에 감천문화마을www.gamcheon.or.kr이 있습니다. 이 마을은 산으로 둘러싸였고 길은 좁고 경사가 심해서 사람이 모여 살기에 적합한 지역이 아니었어요. 그런데 6·25전쟁 동안 피난민들이 모여들어 마을이 점차 커졌습니다. 집들이 옹기종기 모여 '달동네'를 이뤘지요. 달동네란, 전쟁 이후 임시 주거지로 만든 천막촌 방에 누우면 천막 사이로 달이 잘 보인다는 데서 생긴 말로, 가난한 동네를 뜻해요.

　시간이 흘러 건물들은 오래되어 낡고 인구는 줄어들어 2007년부터 기존 건물을 다 헐고 새 건물을 짓는 재개발 논의가 시작되었습니다. 하지만 주민들은 반대했어요. 마을의 원래 모습을 보존하면서 새롭게 사람들이 찾아올 수 있도록 지역을 바꿔 나가고자 한 거예요.

그래서 먼저 2009년에 '공공미술 프로젝트'를 진행했습니다. 삭막했던 삶의 터전에 각종 예술 작품이 설치되었죠. 2010년에는 '미로미로 골목길 프로젝트'를 진행하여 미로와 같던 마을 골목길을 정비하고 담장에 벽화를 그렸어요. 또 'Home My Home 프로젝트'를 통해서는 소득이 낮은 이들의 오래된 주택을 마을 주민들이 함께 수리했습니다. 감천문화마을만이 가진 지역적 경관을 파괴하지 않으면서 거주민들의 삶의 질은 향상시키는 건강한 도시 되살림이 이뤄진 것이죠. '되살림'의 뜻을 지닌 '재생'이란 말을 붙인 '도시재생사업'입니다.

재생, 보존하며 재개발하기

이런 마을 되살림 프로젝트를 마을 주민과 전문가가 함께 했어요. 매년 1회 이상 마을 전체 주민이 모여서 회의를 하고 매월 1회 이상 운영위원들이 모여서 회의를 합니다. 이를 통해 주민의 다양한 의견을 모아 마을의 일을 스스로 결정해 진척시켜 나갑니다.

한국관광공사가 선정하는 '한국 관광 10선'에 2019년부터 2022

년까지 네 번이나 선정된 감천문화마을은 특이한 지형구조 덕분에 입소문을 타면서 새로운 관광지로 알려졌어요. 2019년에는 연간 방문객이 200만 명에 이르렀고, 이중 외국인 관광객이 60퍼센트 이상이었다고 해요.

감천문화마을은 주민들이 계속 함께 경제활동을 하면서 마을을 더 좋은 곳으로 가꿔 나가고 있습니다. 주민들이 모여서 카페를 만들어 일자리를 창출하고 수익금 중 일부는 경로당 운영비를 지원하는 등 지역 환원사업을 해 나가고 있죠. 또 게스트하우스나 기념품 가게 등 마을 주민이 함께 운영하는 곳도 점점 늘어났어요. 마을해설사를 육성해서 단체 방문객을 안내하고 거기에서 수익을 만들어 내기도 하고요.

이렇게 지역의 역사와 특색을 보존하면서 되살리는 도시재생 사업이 곳곳에서 이뤄지고 있어요. 도시재생은 도시의 기존 요소들을 무너뜨리고 새롭게 개발하는 것이 아니라 기존의 것을 잘 되살리자는 뜻입니다. 마을이 그 역사를 지키고 지역민이 그곳에 머무르는 가운데 더 나은 삶을 꾸려 나갈 수 있도록 해 나가는 것이죠. 수많은 예술 작품과 벽화가 마을을 꾸며 주고, 부산의 오랜 역사가 고스란히 남아 있는 감천문화마을의 풍광은 지금도 새롭게 아름답습니다.

감천문화마을 특유의 경사진 골목.

협동조합을 통한 도시재생

이런 사례는 다른 나라에서도 찾아볼 수 있어요. 영국 런던시 해크니구의 달스턴Dalston 지역은 2006년까지만 해도 영국 지상파 방송 채널4의 조사 결과 '영국에서 가장 살기 나쁜 곳' 1위에 뽑히는 동네였습니다. 런던 내 강도 발생률 1위 지역으로 사건 사고가 끊이지 않았던 곳이죠.

그런 지역이 조금씩 바뀌게 된 데에는 해크니개발협동조합HCD, Hackney Co-operation Development이 자리하고 있습니다. 협동조합은 투자자 중심의 주식회사와 달리 특정 필요를 느끼는 이들이 1인 1표로 공동 운영하는 기업이에요. 해크니개발협동조합 역시 해크니를 살기 좋은 곳으로 개발하기 위해 주민이 중심이 되어 함께 운영하는 기업입니다.

해크니개발협동조합은 먼저 오랫동안 방치되어 있던 3층 건물을 구청으로부터 100년간 1파운드(약 1540원)에 빌려 예술가를 위한 작업공간으로 바꾸었어요. 이런 방식으로 지방자치단체가 소유한 건물을 시세의 50퍼센트 이하로 장기 임차한 후 이를 리모델링해 지역 주민이 점포를 운영하도록 하거나 예술가 등에게 우선적으로 임대해 주었죠. 그래서 런던의 가난한 예술가들이 저렴한 작업장을 찾아 이곳으로 많이 모여들었고, 독특한 지역문화 예술 생

예술가들이 독특한 지역문화를 형성한 해크니구 달스턴 지역.

태계를 형성하게 되었습니다.

　또 무료로 일자리교육을 해 주거나 광장에서 주민들이 참여할 수 있는 다양한 행사를 열기도 합니다. 협동조합에 가입한 지역 주민들은 이 모든 과정에 참여하죠. 이렇게 지역이 조금씩 바뀌면서 해크니는 2012년 런던올림픽 폐회행사 장소로 선정되기도 했습니다. 오늘날에는 스스로 지역경제를 발전시켜야 한다는 믿음을 가진 300여 명의 마을주민 조합원이 함께 민주적으로 여러 지역 사업을 운영하고 있습니다.

★ 함께 생각해요!

1 여러분은 지역을 '되살린다'(재생)라는 말을 들었을 때 어떤 느낌이 드나요?

2 지역 주민들이 지역을 위해 공동으로 사업을 하면 어떤 장점이 생길까요?

04

·················

초등학생들이 바꿔 가는
우리 동네

　우리가 사는 지역에 대해 알아 보기 위해 학생들이 오가는 통학로를 살펴볼 수 있습니다. 사실 통학로는 학생들만 다니는 길은 아니죠. 지역에 사는 모든 다양한 연령대의 사람들이 오가는 길이에요. 학교 가는 길에는 유치원도 있고 노인정도 있으며, 문구점이나 슈퍼마켓, 편의점, 공원 등 다양한 상점과 편의 시설이 있습니다. 대개 도시에서는 학교를 중심으로 지역의 문화와 경제, 주거가 마련되기 때문이에요.

　학교 가는 길은 또 버스 정류장이나 지하철역 등이 이어져 있는 경우도 많아요. 통학로는 학교를 오가는 길이면서 출퇴근하는 중요한 길목이거든요. 그래서 통학로를 살펴보면 해당 지역의 생활 공간을 폭넓게 이해할 수 있습니다.

'안전지도'를 통해 더 안전해진 우리 동네

이와 관련해 최근 많은 학교에서 만들고 있는 '안전지도'를 생각해 볼게요. 보통 초등학교 1, 2학년 때 '우리 동네 그림지도 그리기'를 해요. 그리고 초등학교 4학년 때는 사회 교과서에서 지역의 문제 해결에 관해 다루며 직접 '안전지도'를 만들어 보기도 합니다.

안전지도는 우리가 사는 지역의 안전한 곳과 위험한 곳을 표시해서 만드는 지도예요. 안전지도를 만들기 위해 인터넷 등에서 우리가 사는 동네의 지도를 찾아 직접 해당 장소를 확인합니다. 그래서 안전지도를 만들어 보면 생활 속에서 익숙하게 마주하는 공간들을 새롭게 살펴볼 수 있습니다. 통학로를 비롯해 안전한 공간과 위험한 공간 들을 찾아보면서 동네 주민들과 인터뷰 등도 열어 갈 수 있고요.

전국의 많은 초·중·고등학교에서 안전지도를 만들면서 동네를 바꿔 가고 있어요. 대표적으로 초등 사회 교과서에도 소개된 서울수송초등학교 사례가 있습니다. 서울수송초등학교 학생들은 안전지도를 만들면서 자신이 사는 지역을 안전하게 바꿨어요. 직접

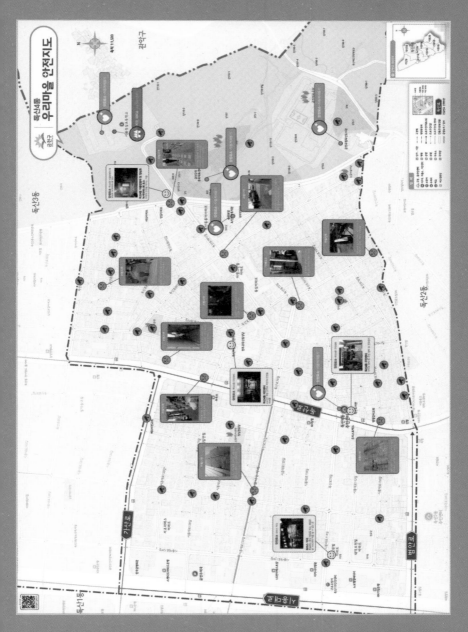

서울시 금천구 독산4동의 안전지도.

동네를 조사하고 또 지역 주민, 요구르트 배달원, 우편 공무원, 경찰관 등 동네 구석구석을 잘 아는 이들과 인터뷰를 진행했습니다. 이 과정에서 학교 주변 통학로 조명이 너무 어둡고 택시 회사 주변 길이 위험하다는 점 등을 알게 되었죠. 학교 가까이에 있는 택시 회사 입구에 거울이 있는데, 운전자는 이 거울을 볼 수 있었지만 오가는 사람들은 나오는 차를 볼 수 없었거든요. 그래서 학생들은 안전지도에 이곳을 '위험한 곳'이라고 표시했어요. 그리고 구청장에게 어두운 골목 상황과 "택시 회사 출입구가 위험하니 과속방지턱과 반사경을 설치해 달라"는 내용의 편지를 보냈습니다.

구청에서는 학생들에게 이 문제의 중요성을 인지했다는 사실을 알렸고, 문제를 해결하기 위해 대책을 세웠어요. 택시 회사에서 나오는 길에 보행자도 확인할 수 있는 거울을 설치하고 과속방지턱을 설치했죠. 구청의 연락을 받은 택시 회사는 운전자들에게 안전교육을 실시하겠다는 답변을 보냈고요. 그리고 구청에서는 어두운 골목길 문제를 해결하기 위해 가로등도 교체했습니다. 안전지도 만들기 활동을 통해 학생들은 자신이 사는 지방자치단체에 의견을 제시하고 나아가 지역의 변화를 일궈 냈습니다.

이와 같은 변화는 전국 각지에서 다양하게 펼쳐지고 있어요. 서울신용산초등학교와 경문고등학교 학생들도 통학로 주변의 문제점을 조사하고 이를 구청에 제안하여 지역의 변화를 만들어 냈

습니다. 제주의 오라초등학교 학생들도 안전지도를 만들면서 찾아
낸 통학로 문제를 제기하여 지역을 바꿔 나가고 있고요. 이처럼 자
신이 살고 있는 삶터를 바꿔 나가는 적극적 도전이 곳곳에서 점점
더 많아진다면 더욱 안전하고 쾌적한 도시가 되겠지요.

함께 만드는 지도, 커뮤니티매핑

안전지도는 '커뮤니티매핑'을 이용해서도 만들 수 있어요. '커
뮤니티매핑'은 공동체 참여 지도 만들기Community Participatory Mapping의 줄
임말로, 공동체가 함께 지역에 필요한 정보 지도를 만드는 거예요.
위치기반 지리정보 시스템GIS, Geographic Information System 기술을 활용해 공
동체의 구성원들이 온라인상에 직접 지도를 그려 가는 방법이죠.
스마트폰을 활용해서 바로 만들 수도 있습니다.

커뮤니티매핑은 미국 메헤리 의과대학 임완수 교수가 개발해
서 널리 알려지게 되었어요. 임완수 교수는 2005년 크리스마스 즈
음 가족과 뉴욕에 갔다가 화장실을 찾는 데 애를 먹고 나서 '뉴욕
의 화장실'nyrestroom.com이라는 웹페이지를 만들었어요. 이 웹페이지
는 큰 화제가 되었죠. 뉴욕 시민들이 자신이 알고 있는 공중화장실
위치를 일일이 표시해 나감으로써 지도에서 찾기 어려운 화장실

을 쉽게 찾을 수 있게 되었거든요.

임완수 교수는 미국에서 고등학생, 대학생 들과 함께 커뮤니티 매핑을 통해 지역의 환경 문제를 비롯해 다양한 활동을 열어 가고 있습니다. 그 후 커뮤니티매핑은 2012년 미국에서 큰 역할을 하면서 전 세계적으로 알려졌죠. 당시 미국 동북부를 강타한 허리케인으로 인해 뉴욕과 뉴저지 지역의 70-80퍼센트가 정전되었고, 도로 등 많은 기반 시설이 파괴되었어요. 전기가 끊겨 각 가정에서는 난방을 하지 못했고 비상용 발전기를 가동할 기름도 구하기 어려웠죠. 많은 이들이 기름을 파는 주유소를 찾아 발을 동동 굴렀지만, 도로가 파괴되어 주유소에도 기름이 제대로 공급되지 못하는 상황이었어요.

이때 임완수 교수는 지역에서 함께한 고등학생들과 커뮤니티 매핑을 활용해 주유소에 전화를 걸어 확인하면서 지도 위에 데이터를 올리기 시작했어요. 어느 주유소에서 기름을 파는지, 늘어선 줄이 얼마나 되는지, 언제 주유소를 다시 여는지 등을 담은 이 지도는 미국 연방재난관리청, 에너지국, 국방부 등이 활용하면서 당시 시민들에게 큰 도움을 주었습니다.

우리나라에서도 2018년 평창 동계올림픽 장애인 접근성 지도, 코로나 마스크 지도 등 안전·환경·약자 편의시설 등 분야에서 커뮤니티매핑이 널리 활용되고 있습니다. 코로나19 마스크 지도, 우

쓰레기가 많은 지역을 신고하고(빨간 휴지통)
해결하는(회색 휴지통) 제로웨이스트 커뮤니티매핑 사례.

리 마을 미세먼지 지도, 장애인 교통안전 관련 지도 등 다양하게 만들어졌죠.

임완수 교수는 한국의 초·중·고등학생뿐만 아니라 대학생 및 일반 시민들과 함께하는 커뮤니티매핑을 여러 각도에서 펼쳐 가고 있습니다. 이런 일련의 활동을 통해 학생들과 시민들은 자신이 사는 지역의 문제에 보다 적극적인 관심과 애정을 가질 수 있게 되었고요. 커뮤니티매핑은 기술적 접근만이 아니라 커뮤니티, 즉 공동체를 형성하면서 지역의 문제점과 해결 방법을 찾아낼 수 있는 좋은 도구입니다.

★ 함께 생각해요!
1 안전지도를 통해 알 수 있는 것은 무엇인가요?
2 여러분 동네의 통학로는 어떤 모습인지 떠올려 보고 인상적인 부분을 이야기해 봅시다.
3 커뮤니티매핑을 만들어 보고 싶은 주제에 대해 이야기해 봅시다.

미래도시 상상과 현실

SF 영화나 소설에 나오는 해저도시나 우주도시 같은 미래의 도시는 얼마나 가능한 이야기일까요? 해저도시를 먼저 생각해 볼까요? 바닷속은 지구온난화를 비롯한 기후변화에 당장 크게 영향을 받지 않으며 다양한 해양자원을 보유하고 있습니다. 무엇보다 대기오염, 지진, 쓰나미 등 자연재해나 환경재해의 피해를 피할 수 있거나 최소화할 수 있는 안전한 곳으로 여겨집니다.

2014년 일본에서는 바닷속 3000-4000미터 깊이까지 구축하는 심해 도시 '오션스파이럴'OCEAN SPIRAL 구상과 계획이 공개되었어요. 2030년까지 지름 500미터의 구 모양 구조물 아래 15킬로미터의 나선형 통로를 깊은 바닷속까지 연결해 5천 명을 수용할 수 있는 거주 공간과 식량 및 에너지를 생산하는 시설을 구축할 계획이라고 해요. 그곳에 75층 높이의 400개 객실을 갖춘 호텔, 1150가구의 주거 시설을 포함한 연구 시설과 컨벤션 시설이 들어설 예정이라고 합니다.

우주도시와 가장 가까운 건 국제우주정거장이에요. 1998년부터 여러 나라에서 만든 모듈을 조립해서 사람이 거주할 수 있는 공간을 만들었습니다. 현재 길이 108.5미터, 폭 72.8미터의 월드컵 축구 경기장 크기예요. 미국, 영국, 프랑스, 러시아, 일본, 이탈리아, 독일, 네덜란드, 벨기에, 스위스, 스페인, 스웨덴, 덴마크, 노르웨이, 캐나다, 브라질 등이 참여하고 있고, 중국은 독자적으로 톈궁 우주정거장을 건설하고 있습니다. 국제우주정거장에서 기지 운영이나 과학실험 등의 임무를 수행하면서 사람들이 1년까지 거주하기도 했는데, 아직은 전력을 생산하기 위한 태양광 패널, 식량 및 식수 보관, 실험구역 등을 제외하면 사람이 살아갈 공간은 아주 좁은 편이에요. 많은 사람이 쾌적하게 살아갈 도시로서 기능하려면 여러 기술이 더 개발되어야겠지요.

최근에는 미래도시로서 스마트 도시가 여러 나라에서 추진되고 있습니다. 사물인터넷으로 다양한 유형의 전자 데이터를 수집해 자산과 자원을 효율적으로 관리하는 첨단 과학기술이 뒷받침된 도시죠. 스페인의 해안 도시 산탄데르에서는 쓰레기통에 센서를 장착해서 쓰레기통이 다 찰 때까지 기다렸다가 비워요. 공원의 스프링클러는 날씨가 건조할 때만 작동시키죠. 택시에는 센서를 내장해서 승객들이 어디에 빈 택시가 있는지 바로 알 수 있어요.

싱가포르는 스마트 국가를 건설하기 위해 도시 전체를 3D 가상현실로 만들어서 이를 통해 도로, 빌딩, 아파트 등 주요 시설과 가로수, 육교 등 교통 정보와 모든 구조물에 대한 정보를 얻을 수 있죠. 또 하루 동안 건물들의 그림자 변화를 분석하여 모든 주거 시설이 일조권을 충분히 확보하도록 해요. 대한민국 대전광역시에서는 사물인터넷 센서를 활용한 전기화재 사고 예방 시스템을 구축하는 등 우리나라 여러 도시에서도 스마트 도시를 추진하고 있습니다.

인류의 끊임없는 도전과 과학기술의 발달에 따라 새로운 형태의 미래도시가 우리 앞에 다가오고 있습니다.

이미지 출처

- 21, 124, 126, 134, 146, 169쪽: wikimedia commons
- 36쪽: https://www.scienceandindustrymuseum.org.uk/objects-and-stories/air-pollution
- 53, 69쪽: pxhere.com
- 60-61, 82, 140, 171쪽: flickr.com
- 65쪽 위: 투발루 정부 법무부 공식 페이스북.
- 65쪽 아래: Pacific Islands CAN 공식 트위터.
- 71, 102, 111, 145쪽: helloarchive.co.kr
- 138, 149쪽: pixabay.com